Sweet Cuba

The Building of a Poetic Tradition:
1608-1958

Forja de una tradición poética:
1608-1958

Sweet Cuba

The Building of a Poetic Tradition:
1608-1958

Forja de una tradición poética:
1608-1958

Dr. Manuel de Jesús Velázquez León
John B. Lee

Hidden Brook Press

First Edition

Hidden Brook Press
www.HiddenBrookPress.com
writers@HiddenBrookPress.com

Copyright © 2010 Canada Cuba Literary Alliance

All rights for content, layout and design remain with Canada Cuba Literary Alliance. No part of this book may be reproduced except by a reviewer who may quote brief passages in a review. The use of any part of this publication reproduced, transmitted in any form or by any means, electronic, mechanical, photocopied, recorded or otherwise stored in a retrieval system without prior written consent of the publisher is an infringement of the copyright law.

Sweet Cuba
The Building of a Poetic Tradition: 1608-1958
Forja de una tradición poética: 1608-1958

Editor: Dr. Manuel de Jesús Velázquez León

Translators: John B. Lee, Dr. Manuel de Jesús Velázquez León

Cover Art: Victor Manuel
Inside Art: Victor Manuel
José Martí monument photographs: Richard M. Grove
José Martí monument b/w photograph: Richard M. Grove
Layout and Design: Richard M. Grove
Cover Design: Richard M. Grove

Printed and bound in Canada

Typeset in Garamond

Library and Archives Canada Cataloguing in Publication

Sweet Cuba : the building of a poetic tradition : 1608-1958 = forja de una tradición poética : 1608-1958 / Manuel de Jesús Velázquez León, John B. Lee.

Co-published by: Canada Cuba Literary Alliance (CCLA).
Includes bibliographical references and index.
In Spanish and English.

ISBN 978-1-897475-53-9

1. Cuban poetry--Translations into English. 2. Cuban poetry. I. Jesús Velázquez León, Manuel de, 1952- II. Lee, John B., 1951- III. Canada Cuba Literary Alliance

PQ7384.5.E5S94 2010   861.008'097291   C2010-903965-3

Sweet Cuba! in your bosom we see
in the highest and deepest degree
the beauty of the physical world,
the horrors of the moral world. [1]

¡Dulce Cuba! en tu seno se miran
en el grado más alto y profundo,
la belleza del físico mundo,
los horrores del mundo moral. [2]

[1, 2] From the "Hymn of the Expatriate" by José María Heredia / Del "Himno del desterrado", por José María Heredia.

for "Martí's marble dream"

al "sueño de mármol de Martí"

Table of Contents

– FOREWORD/PREFACIO – *p. xii*

– Cristóbal de la Coba Machicao – *p. 2*
– Juan Francisco Manzano – *p. 6*
– José María Heredia – *p. 14*
– Gabriel de la Concepción Valdés – *p. 42*
– Gertrudis Gómez de Avellaneda – *p. 60*
– José Jacinto Milanés – *p. 72*
– Miguel Teurbe Tolón y de la Guardia – *p. 86*
– Rafael María de Mendive – *p. 92*
– José Gonzalo Roldán – *p. 100*
– Joaquín Lorenzo Luaces – *p. 106*
– Pedro Santacilia – *p. 116*
– José Fornaris – *p. 122*
– Juan Cristóbal Nápoles Fajardo – *p. 128*
– José Agustín Quintero – *p. 146*
– Juan Clemente Zenea – *p. 158*
– Tristán de Jesús Medina – *p. 180*
– Luisa Pérez de Zambrana – *p. 188*
– Julia Pérez y Montes de Oca – *p. 192*
– Antonio Sellén – *p. 198*
– Diego Vicente Tejera – *p. 204*
– Enrique José Varona – *p. 210*
– Mercedes Matamoros – *p. 216*

– José Julián Martí Pérez – *p. 222*
– Joaquín Nicolás Aramburu – *p. 254*
– Bonifacio Byrne – *p. 258*
– Julián del Casal – *p. 266*
– Juana Borrero – *p. 274*
– Regino E. Boti – *p. 280*
– José Manuel Poveda – *p. 284*
– Mariano Brull – *p. 292*
– Rubén Martínez Villena – *p. 298*
– Ramón Guirao – *p. 308*
– Emilio Ballagas – *p. 312*
– Raúl Gómez García – *p. 324*
– Luis Saíz Montes de Oca *p. 328*

– AFTERWORD / EPÍLOGO – *p. 336*
– BASIC BIBLIOGRAPHY / BIBLIOGRAFÍA BÁSICA – *p. 357*
– INDEX / ÍNDICE – *p. 358*

Foreword / Prefacio

Vase of Flowers

Anthology

The guiding principle behind the selection of the poetry chosen for inclusion in the anthology Sweet Cuba reflects an effort to compile a representative sample of Cuban poetry from its earliest Spanish-colonial origins up to and including the period of first modernist maturity. In so doing we have followed a mostly chronological order relating to the date of birth of the individual author with the exception of the work of José Martí whose stature as a remarkable and important poet is clearly stated in the preface, "Dreaming Backwards."

Conceived as a minimum anthology, the work becomes an introduction to Cuban poetry for the English-speaking reader. The editors simply offer it as a visitor might place a vase of flowers at the gate of a vast garden.

From the purely technical perspective of a bilingual anthology, its originality rests on the re-working by John B. Lee of the initial translations. The achievement of this exceptional poet has made it possible that the beauty and power of the texts in Spanish may be fully appreciated as rendered in English for the English-speaking reader.

The Foundry

This is a singular experience in which poetic consciousness satisfies its radical hunger for understanding and explaining reality in the full nativity of an island open to written history half a millennium ago and whose fate has been dramatically influenced by its temporal and geographical location at the intersection of multiple worlds. This peculiar locus has proven to be a foundry in which 'Western tradition', stamped by blood and fire upon the native civilization, mixes with varieties of the most diverse cultural horizons, primary among these being old-world values blended with the traditions of the enslaved captives brought to the island from Africa.

Perhaps the most significant fire of such a foundry has been the fire of human violence, the great modeler of destinies. Sire of values, according to Jeffers[1], latent or utter violence has roughed out the evolution of Cuba through great turbulences. Once the aboriginal population had been exterminated and their cultures destroyed, hundreds of thousands of Africans were transported from Africa and enslaved in Cuba. The colonial period on the island was dramatically tinged by their suffering and by successive rebellions against the tyranny of the ruling elite. During the nineteenth century, the conflict between the rising national interests and the stubborn repressive Spanish colonial masters brought forth a particularly painful national birth through bloody social struggles, local rebellions and wars of liberation.

The first war for independence lasted for ten years (1868-1878) at a very high cost in lives lost and in decline of wealth. The exhausted fighters for independence, split over bitter internal disputes, made a pact with the Spanish Crown that preserved colonial domination. Then began a stormy intermission in which national life was continuously affected by the attempts to restart the struggle and by the repression unleashed by the colonial power.

The second war for independence (1895-1898), despite its brevity, was even more devastating because it extended over the entire island and it excited as a response the cruelest repression by Spanish authorities, fundamentally directed against the civilian

---

[1] Jeffers writes in "The Bloody Sire", Violence has been the sire of all the world's values.

population. Organized by the champions of the previous war under the leadership of José Martí, the fight was interrupted by the American intervention in 1898, an interference that frustrated the full independence of the island. These wars, with their aftermath of personal suffering, exile and frustration, inspired much of the best poetry collected in this anthology[1].

The Tradition

From the early moments of colonization, poetic language flourished in the writings of the Europeans. The paradisiacal beauty of the island coloured Admiral Christopher Columbus' diary with frequent passages of pure poetry. The master navigator wrote about the gracefulness of Indian women, the magnificence of the coasts, the flora and fauna of the island. His language flowered and bloomed with metaphors when he described Cuba as an earthly Eden. He wrote that it was the most beautiful land that human eyes had ever seen.

Nevertheless, the conquistadors were just passing by the island, which was used mainly as an operational base for the conquest and plunder of South America. Meanwhile, the native population was exterminated. From their oral tradition, nothing remained except for a few isolated words, which echo what had been rich and musical languages. More than a century would pass before the composition of poetry that showed signs of the emergence of an indigenous and absolutely original consciousness distinct from that which betrayed evidence of Spanish influence and European thought.

In the early seventeenth century, Silvestre de Balboa y Troya de Quesada from the Canary Islands published his epic poem *Espejo de Paciencia* (1608). According to J. Lezama Lima, the poem "reveals the rise of Cuban modes and manners which, despite Spanish influence, we should read as something Cuban that struggles for its contour and peculiar self". (J. Lezama Lima, 1965) For other authors, this is rather a work of Spanish literature and they place the continued poetic tradition in Cuba preferably by the last fourth of the century. (V. López Lemus, 1999)

---

[1] This is, probably, a logical outcome. Wallace Stevens writes in "Sunday Morning": Death is the mother of beauty; hence from her,/Alone, shall come fulfillment to our dreams/And our desires.

Espejo de Paciencia is, nevertheless, the first meaningful sample of poetry that contains distinctive traits of a nascent culture, and it should be considered an indispensable antecedent. For that reason, the anthology begins with a laudatory sonnet that accompanied Silvestre de Balboa's work, the one written by Cristóbal de la Coba Machicao, even though the next poet here anthologized, Juan Francisco Manzano, was born by the end of the next century. The little-known and rather inconsequential poetry written between Machicao and Manzano, together with a rich oral tradition, essentially anonymous, prepared the way and set the conditions for the original flourishing of Cuban poetry that took place in the nineteenth century.

That century heralded the kingdom of romantic poetry from its very beginnings. The first was José María Heredia, one of the most important poets of the Spanish language. His libertarian vocation, the celebration of the homeland in her nature and in symbols like the palm tree and the star, even his reiterated manifestation of pain for his political exile made Heredia the beginner of a national romantic tradition. Traits of that tradition are discernible in many essential poets that came after Heredia such as Plácido, Avellaneda, Tolón, Mendive, Luaces, Santacilia, Nápoles Fajardo, Quintero, Zenea, Sellén, Tejera, Varona and others.

Currents with a distinctive national character may be recognized in this boom of poetic creation. Such is nativism with its celebration of the beauties of an island regarded as Eden and Siboneyism[1] with its idealized exaltation of the lives of the primitive inhabitants of Cuba. These currents were first set forth in Gabriel de la Concepción Valdés' work to be later regally displayed in the poetry of Fornaris and Nápoles Fajardo.

Possibly the most distinguishable general characteristic of Cuban romanticism was its propensity for the elegiac. The tragedies resulting from slavery, the repression of colonialism and the subsequent wars of independence added to the poets' feeling of alienation. It is a common occurrence to find poems that tell of personal tragedies: Manzano, who was born into slavery; Zambrana,

---

[1] From the Siboney native culture.

who buried her children one by one; Zenea, who cried for his Fidelia's death. Many poets wrote about political exile and the ever-repeated frustration of the independence dream, beginning by Heredia with his poem, "Niagara Falls," and ending with Byrne who returned to the homeland after the defeat of Spain to find another flag waving in place of his flag.

By the end of the nineteenth century, modernism gave rise to new expressive possibilities in the poetry of the island. Even more, this essentially Latin American movement, had important Cuban poets among its principal predecessors and pioneers, such as Julián del Casal and José Martí. In the eighteen eighties, Martí's poetry began to renew its expressive forms freeing metaphor from derivative colonial tethers and allowing the unfolding of a new state of sensitivity. In the incoming generation, this new level of development of Cuban poetry would lead to surprisingly beautiful and original creations such as those of Boti, Poveda, Brul, Villena, Guirao and Ballagas, collected at the end of the anthology.

Nevertheless, the presence of José Martí at this stage of Cuban poetry transcended his role as a reformist and modernizer. That is why his poetry sets up the internal structure of this compilation and becomes that moment in which all the tones sketched during the protracted configuration of the national poetic consciousness take shape in a coherent and harmonic voice. As it happened socially and politically, in the poetic field Martí's voice was also prophetic of much of what was to come. In the words of a connoisseur:

> In José Martí culminated all the Cuban traditions of the word, whose outline and development we witnessed in preceding periods. His personality reminds us of what Oriental mystics call the *alibi*, capable to create reality out of image. His importance exceeds the limits of our frontiers to become a universal personality in the perspectives that grow from him. (J. Lezama Lima, 1965)

The polyphony of Cuban poetry is conspicuous. Its most distinctive trait is perhaps its recurrent expression of deep sadness. It has been highlighted that such elegiac essence in the poetry seems contradictory to the essence of ever-laughing people who love partying, revelries and carousals, whose festive music has become their presentation card to other cultures. (López Lemus, 1999) Perhaps that is why José Martí, who saw into the depths of our soul as nobody else did, wrote "Two Homelands", the poem that concludes this anthology.

Manuel de Jesús Velázquez León

Una cesta de flores

La antología

La intención de esta antología es lograr una muestra representativa de la poesía cubana desde su gestación hasta su madurez temprana. El esfuerzo de ordenamiento está dirigido en lo fundamental a la búsqueda de esa voz que revela en tonalidades individuales, con José Martí como apogeo, la experiencia de construcción de la tradición poética cubana. Amén de esta intencionalidad, la universalidad de la poesía aquí reunida es muestra de lo intelectivo poético cubano en su proyección imaginativa y en su esfuerzo ordenador del caos.

Concebida como antología mínima, la obra se constituye en posible evidencia inicial para un lector anglófono que quizás se inaugura con estas lecturas en el descubrimiento de Cuba a través de sus creaciones culturales. La selección expresa el reflejo poético de una experiencia de construcción cultural históricamente singularizada. Como compendio sucinto de una vasta producción poética, su designio inmediato es el convite. Los editores simplemente ponemos una cesta de flores a la entrada del jardín.

Desde la perspectiva puramente técnica de antología bilingüe, su originalidad descansa en la reproducción de las traducciones iniciales de los poemas por John B. Lee. El trabajo de este poeta excepcional ha hecho posible que la belleza y la fuerza expresada en los textos en español pueda ser apreciada por el lector anglófono en plenitud. Sus versiones poéticas muestran su dominio magistral de la lengua inglesa. Pero lo que hace sus recreaciones obras singulares e irrepetibles en su originalidad es resultado de la rara sensibilidad de su alma de poeta. Sobre esta labor, John nos comenta en sus palabras introductorias y en el epílogo.

La forja

Experiencia singular esta, en la que la conciencia poética satisface su hambre radical de comprender y explicarse la realidad en la natividad plena de una isla abierta hace medio milenio a la historia escrita y cuyo sino ha estado influido dramáticamente por su localización temporal y geográfica en el entronque de múltiples mundos. Ese locus peculiar es fragua en la que la 'tradición occidental', estampada a fuego y sangre sobre la civilización nativa, se mezcla con modos que llegan desde los horizontes culturales más diversos, en primer lugar con las tradiciones de cautivos traídos desde el África.

Quizás lo más significativo de esa fragua ha sido la violencia humana como gran modeladora de los destinos. Progenitora de los valores, al decir de Jeffers[1], la violencia, latente o expresa, ha esbozado el devenir de Cuba a través de grandes turbulencias. Al exterminio de la población aborigen y la extinción de sus culturas siguió la esclavización masiva de africanos cuyo sufrimiento y sucesivas rebeliones matizaron dramáticamente el período colonial de la isla. El conflicto de los nacientes intereses nacionales con un empecinado coloniaje español gestó durante el siglo diecinueve un alumbramiento nacional particularmente doloroso a través de cruentas luchas sociales y de liberación.

La primera guerra de liberación nacional duró diez años (1868-1878) y tuvo un altísimo costo en vidas y bienes. Las exhaustas fuerzas independentistas, divididas por enconadas disputas internas, concluyeron con la corona española un pacto que preservó la dominación colonial. Comenzó entonces una pausa tumultuosa en la que los intentos por reanudar la lucha y la represión desatada por el poder colonial impusieron su impronta a la vida nacional.

La segunda guerra de independencia (1895-1898), a pesar de su brevedad, fue aún más devastadora pues se extendió a toda la isla y tuvo como respuesta la más cruel represión de las autoridades españolas, dirigida fundamentalmente contra la población civil.

---

[1] Jeffers escribe en "The Bloody Sire": La violencia ha sido la progenitora de todos los valores del mundo.

[2] Este es, probablemente, un resultado lógico. Wallace Stevens escribió en "Sunday Morning": La muerte es la madre de la belleza; así que de ella, / Solamente, vendrá la satisfacción de nuestros sueños/y nuestros deseos.

Organizada por los adalides de la anterior contienda liderados por José Martí, la lucha fue interrumpida por la intervención estadounidense en 1898, injerencia que frustró la independencia plena de la isla. Estas guerras, con sus secuelas de sufrimiento personal, exilio y frustración, resultaron fuente directa o indirecta de mucha de la mejor poesía recogida en esta antología[2].

La tradición

Desde los inicios de la colonización, el lenguaje poético floreció en los escritos de los europeos. La belleza paradisíaca de la isla matizó el diario del Almirante Cristóbal Colón con frecuentes pasajes de pura poesía. Escribió el navegante sobre el donaire de las indias, la magnificencia de las costas, de los bosques y de las aves. Su lenguaje se llenaba de metáforas al describir lo que le parecía el edén terrenal. Sentenció que Cuba es la tierra más hermosa que ojos humanos vieran.

Sin embargo, los conquistadores andaban de paso por la isla a la que utilizaban fundamentalmente como base de operaciones para la conquista y el saqueo de Suramérica. Mientras tanto, las culturas nativas fueron exterminadas. De su arte oral nada quedó, excepto palabras sueltas, ecos de lo que fueran lenguas sonoras y musicales. Pasaría un largo siglo antes de que aparecieran evidencias de una poesía que refleje atisbos de una naciente conciencia de que lo cotidiano local se instituye en lo diferente de lo español, de lo europeo.

A inicios del siglo diecisiete se publicó Espejo de Paciencia (1608), poema épico escrito por un canario, Silvestre de Balboa y Troya de Quesada. En consideración de J. Lezama Lima, el poema "revela el nacimiento de modos y maneras cubanas, que a pesar de la influencia española, tenemos que interpretar como algo cubano que quiere ganar su contorno y tipicidad." (J. Lezama Lima, 1965) Otros autores consideran que esta es preferentemente obra de la literatura española y sitúan la tradición lírica continuada en Cuba más bien en el cuarto final del siglo. (V. López Lemus, 1999)

Espejo de Paciencia es, sin embargo, la primera muestra significativa de poesía que recoge rasgos distintivos de una cultura naciente y debe considerarse como un antecedente imprescindible. Por esta razón, la antología comienza con uno de los sonetos laudatorios que acompañan la obra de Silvestre de Balboa, el escrito por Cristóbal de la Coba Machicao, si bien el próximo poeta que aquí aparece, Juan Francisco Manzano, nació a fines del próximo siglo. La poesía escrita en el período que media entre Machicao y Manzano, poco conocida y relativamente poco importante, junto a la riquísima tradición oral, esencialmente anónima, prepararon el terreno para el florecimiento inusitado de la poesía cubana que se produjo en el siglo diecinueve.

Ese siglo anunció el reino de la poesía romántica desde sus inicios. El primero fue José María Heredia, uno de los más importantes poetas de la lengua hispana. Su vocación libertaria, la celebración de la patria en su naturaleza y en símbolos como la palma y la estrella, incluso su manifestación reiterada del dolor por el exilio político hicieron que con Heredia se iniciara en Cuba una tradición romántica de estirpe nacional. Los rasgos de esa tradición resultan distinguibles en numerosos poetas esenciales que vinieron después de Heredia como Plácido, Avellaneda, Tolón, Mendive, Luaccs, Santacilia, Nápoles Fajardo, Quintero, Zenea, Sellén, Tejera, Varona y otros.

En este auge de creación poética se distinguen corrientes con un distintivo carácter nacional como el criollismo o nativismo con su celebración de las bellezas de una isla considerada el edén, y el siboneyismo con su exaltación idealizada de la vida de los primitivos habitantes de Cuba. Estas corrientes se enunciaron en la obra de Gabriel de la Concepción Valdés y se desplegaron majestuosamente en la poesía de Fornaris y Nápoles Fajardo.

Quizás el rasgo general más distinguible del romanticismo cubano fue su propensión a lo elegíaco. Las tragedias que resultaron de la esclavitud, del coloniaje y de las guerras de independencia se añadieron al natural sentimiento de alienación de los poetas por la letal indiferencia cósmica ante los destinos humanos. Es recurrente encontrar poemas que reflejan tragedias personales como la de Manzano nacido en la esclavitud, Zambrana que enterró a sus hijos uno tras otro o Zenea que lloraba la muerte de su Fidelia. Son numerosos los poetas que escribieron sobre el exilio político y la frustración reiterada del sueño independentista, comenzando con Heredia ante las cataratas del Niágara y concluyendo con Byrne que regresó a la patria luego de la derrota española para encontrar otra bandera ondeando en lugar de la bandera cubana.

Hacia finales del siglo diecinueve el modernismo inició nuevas posibilidades expresivas en la poesía de la isla. Este movimiento esencialmente latinoamericano tuvo entre sus principales precursores e iniciadores a importantes poetas cubanos como Julián del Casal y José Martí. La poesía de Martí desde los años ochenta comenzó una renovación de sus formas expresivas liberando a la metáfora de trabas y permitiendo el despliegue de un nuevo estado de sensibilidad. Este nuevo estadio de desarrollo de la poesía cubana conduciría, en la siguiente generación, a creaciones sorprendentes por su belleza y originalidad como las de Boti, Poveda, Brul, Villena, Guirao y Ballagas, recogidas hacia el final de la antología.

Sin embargo, la presencia de José Martí en el escenario de la poesía cubana trascendió su papel como renovador y modernizador. Es por eso que su poesía se erige en la estructura interna de esta compilación para llegar a ser aquel momento en que todos los tonos esbozados durante la prolongada configuración de la conciencia poética nacional tomaron forma en una voz coherente y armónica. Al igual que en lo político y en lo social, en lo poético la voz martiana fue también profética. En palabras de un profundo conocedor:

> En José Martí culminaron todas las tradiciones cubanas de la palabra, cuyo esbozo y desarrollo vimos en épocas anteriores. Su figura recuerda lo que los místicos orientales llaman el *alibi*, capaz de crear por la imagen la realidad. Su importancia rebaza los límites de nuestra frontera para ser una figura universal en las perspectivas que proyecta. (J. Lezama Lima, 1965)

Resulta notoria la polifonía de la poesía cubana. Su rasgo más distintivo es quizás su recurrente expresión de la más profunda tristeza. Se ha destacado cuan contradictoria resulta esa esencia elegíaca en la poesía de un pueblo reidor, fiestero, dado al jolgorio y la jarana, cuya música alegre se ha convertido en su carta de presentación ante otras culturas. (V. López Lemus, 1999) Quizás por eso José Martí, quien nos vio a lo hondo del alma como nadie, escribió "Dos patrias", poema con el cual concluye esta antología.

Manuel de Jesús Velázquez León

Dreaming Backwards—Finding Voice

If in the voice of José Martí we might find the spirit of Cuba, so too in the spirit of Martí we have sought and found the voice of Cuba. Just as each Cuban poet who predates Martí seems to anticipate his arrival, so too each subsequent poet herein echoes his having lived. With this in mind, we dedicate Sweet Cuba to the memory of Martí. As Manuel and I say in the words of Rubén Martinez Villena, we dedicate our work to "Martí's marble dream."

Over the course of translating these works, I have noticed the exiled poet, the tragic nostalgic, the dying soldier, the suffering slave, the grieving widow, the idealistic dreamer, the joyful celebrant, the home-loving and all-too-often disappointed patriot, and of all of these I find an apotheosis in Martí. And so, we have chosen to honour the work by weaving the poems of Martí into the fabric of the entire book so that we create a tapestry using the motif of his poems to gather the entire body of work into one unified whole. Martí's poems frame and thread together this celebration of Cuba's strength and beauty, her triumphs and failures, her land and language, not impoverished here by translations, but rather enriched by new music in the poetry of another language.

As a poet I come to this work humbled by the task at hand, inspired by the project in prospect and sometimes thrilled by the work that has flowed from my pen. On January 28, 2010, at the Martí's monument and tomb in Santiago de Cuba, Canadians and Cubans came together to read his poems in honour of the anniversary of his birth. Canadian poets took turns reading Martí in English and Cubans took turns reading his work in Spanish.

The locals had expressed their trepidation in advance. They'd stated a strong conviction that Martí's sacred texts could not be captured in English. It was very gratifying indeed when they came up to me afterwards and expressed their heart-felt appreciation of the translations. "It is as if Martí had written those poems in English," one woman said. I say this not to crow about my achievement, but rather to take heart as a poet visited by Martí at my desk in Port Dover, overlooking my beloved Lake Erie, haunted by the spirit of Cuba.

What follows in the afterward is something of a diary of the hypertext conversation between myself and my brother and fellow-collaborator Manuel de Jesús who over the course of this project has been an inspiration. He has done the spadework where I have planted the seed. His first translations broke the soil where mine have been received. Martí is the light and the wind and the sun and the rain on fertile ground. I am but a poor witness of his green delight.

John B. Lee

Soñando hacia atrás—descubriendo una voz

Como se puede encontrar el espíritu de Cuba en la voz de José Martí, en el espíritu de Martí hemos buscado y encontrado la voz de Cuba. Así como cada poeta cubano que precede a Martí parece anticipar su llegada, aquí cada poeta ulterior se hace eco de que él haya vivido. Con esto en mente, dedicamos Sweet Cuba a la memoria de Martí. Como Manuel y yo decimos en las palabras de Rubén Martínez Villena, dedicamos nuestra obra al "sueño de mármol de Martí."

Durante la traducción de estas obras, he reparado en el poeta desterrado, el nostálgico trágico, el soldado moribundo, el esclavo que sufre, la viuda doliente, el soñador idealista, el sacerdote jubiloso, el patriota amante del hogar y frecuentemente desilusionado, y de todos ellos encuentro una apoteosis en Martí. Por tanto, hemos decidido honrar la obra trenzando los poemas de Martí en el tejido de todo el libro para crear un tapiz utilizando el tema de sus poemas y así juntar el todo de la obra en un conjunto unificado. Los poemas de Martí enmarcan y engarzan esta celebración de la fuerza y la belleza de Cuba, sus triunfos y fracasos, su tierra y su lengua, que aquí no resulta empobrecida por las traducciones sino enriquecida por una nueva musicalidad en la poesía de otra lengua.

Como poeta inicié esta obra con humildad ante la grandeza de la tarea, inspirado por el proyecto en perspectiva y, a veces, intensamente emocionado por el trabajo que salía de mi pluma. El 28 de enero de 2010, ante el monumento a Martí en Santiago de Cuba donde descansan sus restos, canadienses y cubanos nos juntamos a leer sus poemas en honras por el aniversario de su natalicio. Poetas canadienses y cubanos leímos alternativamente los poemas de Martí en inglés y en español.

Poetas de la localidad habían expresado su preocupación con antelación. Habían manifestado su convicción de que los textos sagrados de Martí no podrían ser expresados en su esencia en inglés. Fue muy halagüeño ciertamente que se acercaran a mí luego y expresaran su estima sincera por la calidad de las traducciones. "Es como si Martí hubiera escrito esos poemas en inglés," dijo una poetiza. No lo digo para jactarme de mi realización, sino más bien para animarme como poeta que recibiera la visita de Martí en mi mesa de trabajo en Port Dover, con una vista desde lo alto de mi amado Lago Erie, hechizado por el espíritu de Cuba.

Lo que sigue al epílogo es la especie de diario de una conversación en hipertexto que sostuve con mi hermano y compañero colaborador Manuel de Jesús, quien en el curso de este proyecto ha sido una inspiración. Él ha hecho el trabajo preliminar en el que yo he plantado la semilla. Sus primeras traducciones prepararon el terreno sobre el que germinaron las mías. Martí es la luz y el viento y el sol y la lluvia sobre la tierra fértil. Yo no soy más que un testigo humilde de su deleite verde.

John B. Lee

From José Martí's Poetic Heritage / Del patrimonio poético de Martí

FROM SHAPE TO SHAPE;
FROM STAR TO STAR I COME

From shape to shape; from star to star I come
Born old: Who am I? I know. I am everything: —
The animal, the man, the captive tree
And the bird in flight: evangelist
And beast am I: sacrifice pleases me
More than common joy: with it I
Only I know who I am: already I feel yielding to my hand
The glowing gates of heaven.

DE FORMA EN FORMA,
Y DE ASTRO EN ASTRO VENGO

De forma en forma, y de astro en astro vengo;
Viejo nací: ¿Quién soy? Lo sé. Soy todo: —
El animal y el hombre, el árbol preso
Y el pájaro volante: evangelista
Y bestia soy: me place el sacrificio
Más que el gozo común: con esto sólo
Sé ya quién soy: ya siento do mi mano
Ceder las puertas fúlgidas del cielo.

Cristóbal de la Coba Machicao
(*Date unknown*)

Cristobal de la Coba Machicao was born in Camagüey, where he was second lieutenant and council member between the late XVI and the early XVII centuries. In this laudatory sonnet written around 1608, Machicao praises his brother in law, Silvestre de Balboa, author of the poem *Espejo de Paciencia*, considered the first poetic work written in Cuba. Machicao's piece is surprising because of its simplicity, cadence and refined irony. In its lines, together with the praise, the reader can perceive a subtle reference to the limited quality of the poem that gives fame to Silvestre de Balboa.

Cristóbal de la Coba Machicao nació en Camagüey donde fue alférez y regidor entre finales del siglo XVI y principios del XVII. En este soneto laudatorio escrito alrededor del 1608, Machicao elogia a su cuñado Silvestre de Balboa, autor del poema *Espejo de Paciencia*, considerado la primera obra poética escrita en Cuba. La pieza de Machicao sorprende por su sencillez, cadencia y fina ironía. En sus versos, junto al elogio, se trasunta la referencia sutil a la limitada calidad del poema que da fama a Silvestre de Balboa.

SONNET

Canary bird, so high you fly
Your flight is lost in blue
As an eagle rises to the sky
To find opponent solved in you.

You with extraordinary style made new
Extend your fame both broad and far
Singing to the prison and troubled view
Of the divine Pastor Saint Vicar.

From Helicon that citadel on high come down
Where by clear ingenuity you are raised
To this our fragility made ordinary.

And your temples girded by the Crown
Of glory in youth and beauty praised
That offers your mother the Grand Canary.

SONETO

Tan alto vuelas, pájaro Canario,
Que se pierde de vista ya tu vuelo,
Cual águila caudal que sube al cielo
A buscar su remedio en su contrario.

Tú que con nuevo estilo extraordinario
Tu fama extiendes por el ancho suelo
Contando la prisión y desconsuelo
Del divino Pastor Santo Vicario.

Baja del alto alcázar de Elicona
Donde tu claro ingenio te ha subido
A esta fragilidad nuestra ordinaria.

Y ceñirán tus sienes la Corona
Del lauro bello sin sazón cogido
Que te ofrece tu madre Gran Canaria.

Juan Francisco Manzano
(1797-1854)

Juan Francisco Manzano was the symbol of a people who walked from nightmare to awakening without shedding the dream of liberty. Born a slave, Manzano first met human kindness in the house of his master, the Marchioness Jústis de Santa Ana where he learned to read and write. Later, when his protectress died, he knew of the humiliations of slavery. His natural talent moved distinguished intellectuals of his time to collect funds to buy his liberty. Manzano left an interesting biography and a collection of poetry and plays of significance, given the little time that he had to teach himself and to write.

Juan Francisco Manzano fue símbolo de un pueblo que anduvo de la pesadilla al despertar sin abandonar nunca el sueño de la libertad. Nacido esclavo, Manzano conoció primero la bondad humana en casa de su dueña, la Marquesa Jústis de Santa Ana dónde aprendió a leer y a escribir. Luego, al morir su protectora, supo de las humillaciones de la esclavitud. Su natural talento movió a distinguidos intelectuales de la época a reunir fondos para comprar su libertad. Dejó una interesante biografía y una obra poética y teatral significativa para el escaso tiempo que pudo dedicar a instruirse y escribir.

THIRTY YEARS

   When I consider my journey, my fate
From nascence until now
I tremble at my present state
In terror moved with inattentive brow.

   My struggle, I've sustained
Surprised by strength of late.
Unhappy self, my grief's remained
My fight grows obstinate.

   For thirty years I've known the earth;
It's thirty years since weeping birth
Borne fortune's sorrow's heavy weight.

   But pitiless war to me is dearth
I sigh and bear its worthless worth,
Oh God, the cost as yet unknown
and ever grown more great.

TREINTA AÑOS

Cuando miro el espacio que he corrido
Desde la cuna hasta el presente día,
Tiemblo, y saludo a la fortuna mía,
Más de terror que de atención movido.

Sorpréndeme la lucha que he podido
Sostener contra suerte tan impía,
Si tal llamarse puede la porfía
De mi infelice ser, al mal nacido.

Treinta años ha que conocí la tierra;
Treinta años ha que en gemidor estado
Triste infortunio por doquier me asalta.

Mas nada es para mí la cruda guerra
Que en vano suspirar he soportado,
Si la calculo ¡oh Dios! con la que falta.

MUSIC

...

Oh happy mortal, to be both he who feels and he who paints
Thus he doubles joy.
If innocent
And without guile
Splendid talent flows from mind to brush
In certain truth.
By way of lip I offer you —
Not devouring fire
Of pleasant love... Oh! Your lover
I'll never be, Dalia! — You were born beautiful
Brown virgin that I worship blind;
Whose candour to my colour I have blent
As the craftsman commingles
The purple carnation and the violet.
But fate, prudent reason
The mystery of the sky leaves my star
In darkness without light.
But rigorous fate could not
Deprive me of the pleasure that I know
When at the push of your hands I feel
That by the full glory of sound you earn
The metrical cadence
The sublime result
The sweet magic that effort conceals.

...

My illusion ceased
As if awoken from dream.
I moved
By magnificent gratitude
In ecstasy I would ascend to the heights
And from there lifted in the ardency
That pleases my being
My lips on your hands I would press
Beyond control, lost
I' d throw myself to die at your feet.

LA MÚSICA

[...]

¡Feliz el mortal que siente y pinta! —
Así dos veces una dicha goza,
Si la Inocencia pura
Tributa candorosa
Del ingenio al pincel la hermosa tinta
Que a la verdad tan sólo pertenece.
Mi labio tal te ofrece, —
No el fuego devorante
De un simpático amor... ¡Ay! yo tu amante
¡Nunca Delia, seré! — Naciste bella,
Parda virgen que ciego idolatrara;
Cuyo candor a mi color uniera,
Como ingenioso artífice entrelaza
El morado clavel a la violeta.
Mas el destino, la razón prudente
El cielo todo ofuscan, do mi estrella
Sin fortunada luz a oscuras pasa.
Pero no pudo riguroso el hado
Privarme del placer que experimento,
Cuando al impulso de tus manos siento
Que herido el diapasón te corresponde
La métrica cadencia,
La sublime influencia,
La dulce magia que tu esfuerzo esconde.

[...]

Terminaron también mis ilusiones,
Como si de un ensueño despertara...
Yo entonces, conmovido
De no sé qué de gratitud grandiosa
En mi transporte al colmo me elevara;
Y de allí arrebatado en la ardorosa
Idea que aún halaga mi sentido,
Mis labios en tus manos estampara; —
Fuera de mí, perdido
A morir a tus plantas me arrojara.

José María Heredia
(1803-1839)

Of uncommon erudition that allowed him to master several languages still very young and translate the classics, José María Heredia is the first poet that shows in his work elements of the nascent feeling of Cubaness. He is also considered one of the first romantic poets of the Spanish-speaking world. He lived his brief life in Cuba, Mexico and the United States of America, in this last country as an exile because of the persecutions of the Spanish colonial authorities. In his work, we can find a celebration of nature in the form of typically American landscapes, as in his well-known ode to the Niagara waterfalls. Heredia takes to poetry a vision of Cuba from his exile that reveals love for the land where he was born. See in "Niagara" his mention of the royal palm as a tree emblematic of what he already calls his "motherland."

De una erudición poco común que le permitió desde muy joven dominar varios idiomas y traducir a los clásicos, José María Heredia es el primer poeta que muestra en su obra elementos del naciente sentimiento de lo cubano. Se le considera, además, uno de los primeros poetas románticos de habla hispana. Vivió su breve vida en Cuba, México y Estados Unidos de América, en este último país exiliado por las persecuciones a que le sometió el régimen colonial español. Se destaca en su obra la celebración de la naturaleza en un paisajismo típicamente americano, como en su conocida oda al Niágara. Heredia lleva a la poesía una visión de Cuba desde el exilio que revela amor por la tierra natal. Véase en "Niágara" la mención de la palma real, árbol emblemático de lo que él llama ya su "patria".

NIAGARA

    Tune my lyre, give it to me, that I might feel
In my shivery and shaken soul
Inspiration blaze. Oh! long I stay
In darkness, without its light
Illuminating my forehead...! foaming Niagara,
Your sublime terror would only
Return to me the divine gift
Stolen from pain by an enraged impious hand.

    Prodigious torrent, calm down, silence
Your frightening thunder: dissipate a little
The darkness that surrounds you;
Let me contemplate your serene face,
And thrill my passionate soul.
I am worthy to contemplate you: always
disdaining common and meaner things,
I longed for the terrific and sublime.
When the furious hurricane hurls down,
When the thunderbolt rumbles over my forehead,
With pounding heart I rejoiced; I saw the Ocean,
Whipped by stormy southern winds,
That fight my vessel, and before my feet
Boiling whirlpools open, and I loved danger.
But the fierceness of the sea
Did not produce in my soul
The profound impression of your greatness.

    You run serene, majestic; and then
Broken in harsh crags,
You lunge violently, hastily,
Like irresistible and blind destiny.
What human voice could describe
The roaring shoal

The frightening face? My soul
Is confused
When I look at the fervid current,
In vain the troubled glance wants
To follow its flight to the dark brink
Of the high cliff: a thousand waves,
Like fast thoughts passing,
Clash, and enrage,
And another thousand and another thousand reach them,
Among foam and crash as they disappear.

   Behold! they arrive, they jump! The horrendous abyss
Devours the hurled down torrents:
A thousand irises crisscross in them, and deafened
The dreadful clash returns from the woods.
In the unbroken boulders
The water breaks: vaporous cloud
With elastic force
Fills the abyss in a whirl, climbs,
It turns around, it raises
A luminous ether pyramid,
And over the surrounding forest
Frightens the lonesome hunter.

   But, what is it that my eager sight looks
For in you with useless urge? Why can I not see
Around your immense cavern
The Palms, Oh! The delicious Palms,
That in the plains of my ardent motherland
Are born from the sun to grow,
And with the blow of Ocean breezes,
To swing under the purest sky?

This remembrance comes to me against my will…
Nothing O! Niagara your destiny lacks,
Nor another crown that the wild pine
Suits your terrible majesty.
The palm, and myrtle, and delicate rose,
Inspire luxurious pleasure and gentle leisure
In frivolous garden: to you luck
Kept more dignifying object, more sublime.
The free, and generous, strong soul,
Comes, sees you, in wonder,
Disdains miserable delight,
And even feels elevated by naming you.

   Almighty God! In other climes
I saw execrable monsters,
Blaspheming your holy name,
Sowing error and impious fanaticism,
The fields flooded in blood and weeping,
Stirring vicious war among brothers,
And frenetically laying waste the land.
I saw them, and the bosom inflamed at their sight
In grave indignation. Besides
I saw fake philosophers, who dared
Scrutinize your mysteries, insult you,
And out of impiety drag
Wretched men to the pitiful abyss.
That is why my weak mind looked for you
In sublime solitude: now
The whole of it opens to you; your hand can feel
In this immensity that surrounds me,
And your profound voice hurts my bosom
From this torrent in eternal thunder.

Amazing torrent!
How your sight alienates the soul,
And fills me with terror and admiration!
Where is your origin? Who feeds
For so many centuries your inexhaustible source?
What powerful hand
Makes it that in receiving you
The Ocean does not overflow the land?

   The Lord opened his omnipotent hand;
He covered your face with flurried clouds,
He gave his voice to your hurled-down waters,
And decorated with his bow your terrible forehead.
You run blind, deep, indefatigable,
Like the dark torrent of centuries
In impenetrable eternity…! In that way
Pleasant illusions escape from man,
The flourishing days,
And he awakes to pain…! Oh! emaciated
Lies my youth; my face, withered;
And the profound pain that shakes me
Wrinkles my forehead, clouded with pain.

   I never felt like today
My solitude and miserable abandonment
And sorrowful lack of love… Could I
In stormy age
Be happy without her love? Oh! If a beauty
My affection fixed,
And to the turbulent brink of this abyss
My vague thought
And ardent admiration escorted!
How would I enjoy, watching her
Grow pale, and be more beautiful
In her sweet terror, and smile

When I hold her in my loving arms...!
Hallucination of virtue...! Oh! Exiled,
Without fatherland, without love,
I see before me only weeping and pain!

    Powerful Niagara!
Good-bye! good-bye! In a few years
The cold tomb will have devoured
Your weak singer. May my verses last
Like your immortal glory! May some
Traveler watching you,
Sigh to my memory!
And when Phoebus sets in the West,
Happily would I fly where the Lord calls me,
And hearing the echoes of my fame,
It raises in the clouds its forehead of rays.

NIÁGARA

   Templad mi lira, dádmela, que siento
En mi alma estremecida, y agitada
Arder la inspiración. ¡Oh! ¡cuánto tiempo
En tinieblas paso, sin que mi frente
Brillase con su luz…! Niágara undoso,
Tu sublime terror solo podría
Tornarme el don divino, que ensañada
Me robó del dolor la mano impía.

   Torrente prodigioso, calma, calla
Tu trueno aterrador: disipa un tanto
Las tinieblas que en torno te circundan;
Déjame contemplar tu faz serena,
Y de entusiasmo ardiente mi alma llena.
Yo digno soy de contemplarte: siempre
Lo común y mezquino desdeñando,
Ansié por lo terrífico y sublime.
Al despeñarse el huracán furioso,
Al retumbar sobre mi frente el rayo,
Palpitando gocé; vi al Océano,
Azotado por austro proceloso,
Combatir mi bajel, y ante mis plantas
Vórtice hirviente abrir, y amé el peligro.
Mas del mar la fiereza
En mi alma no produjo
La profunda impresión de tu grandeza.

   Sereno corres, majestuoso; y luego
En ásperos peñascos quebrantado,
Te abalanzas violento, arrebatado,
Como el destino irresistible y ciego.
¿Qué voz humana describir podría
De la sirte rugiente

La aterradora faz? El alma mía
En vago pensamiento se confunde
Al mirar esa férvida corriente,
Que en vano quiere la turbada vista
En su vuelo seguir al borde oscuro
Del precipicio altísimo: mil olas,
Cual pensamiento rápidas pasando,
Chocan, y se enfurecen,
Y otras mil y otras mil ya las alcanzan,
Y entre espuma y fragor desaparecen.

   ¡Ved! ¡llegan, saltan! El abismo horrendo
Devora los torrentes despeñados:
Crúzanse en él mil iris, y asordados
Vuelven los bosques el fragor tremendo.
En las rígidas peñas
Rómpese el agua: vaporosa nube
Con elástica fuerza
Llena el abismo en torbellino, sube,
Gira en torno, al éter
Luminosa pirámide levanta,
Y por sobre los montes que le cercan
Al solitario cazador espanta.

   Mas ¿qué en ti busca mi anhelante vista
Con inútil afán? ¿Por qué no miro
Alrededor de tu caverna inmensa
Las palmas ¡ay! las palmas deliciosas,
Que en las llanuras de mi ardiente patria
Nacen del sol a la sonrisa, y crecen,
Y al soplo de las brisas del Océano,
Bajo un cielo purísimo se mecen?

Este recuerdo a mi pesar me viene...
Nada ¡oh, Niágara! Falta a tu destino,
Ni otra corona que el agreste pino
A tu terrible majestad conviene.
La palma, y mirto, y delicada rosa,
Muelle placer inspiren y ocio blando
En frívolo jardín: a ti la suerte
Guardó más digno objeto, más sublime.
El alma libre, generosa, fuerte,
Viene, te ve, se asombra,
El mezquino deleite menosprecia,
Y aun se siente elevar cuando te nombra.

¡Omnipotente Dios! En otros climas
Vi monstruos execrables,
Blasfemando tu nombre sacrosanto,
Sembrar error y fanatismo impío,
Los campos inundar en sangre y llanto,
De hermanos atizar la infanda guerra,
Y desolar frenéticos la tierra.
Vilos, y el pecho se inflamó a su vista
En grave indignación. Por otra parte
Vi mentidos filósofos, que osaban
Escrutar tus misterios, ultrajarte,
Y de impiedad al lamentable abismo
A los míseros hombres arrastraban.
Por eso te buscó mi débil mente
En la sublime soledad: ahora
Entera se abre a ti; tu mano siente
En esta inmensidad que me circunda,
Y tu profunda voz hiere mi seno
De este raudal en el eterno trueno.

¡Asombroso torrente!
¡Cómo tu vista el ánimo enajena,
Y de terror y admiración me llena!
¿Dó tu origen está? ¿Quién fertiliza
Por tantos siglos tu inexhausta fuente?
¿Qué poderosa mano
Hace que al recibirte
No rebose en la tierra el Océano?

　　Abrió el señor su mano omnipotente;
Cubrió tu faz de nubes agitadas,
Dio su voz a tus aguas despeñadas,
Y ornó con su arco tu terrible frente.
¡Ciego, profundo, infatigable corres,
Como el torrente oscuro de los siglos
En insoldable eternidad…! ¡Al hombre
Huyen así las ilusiones gratas,
Los florecientes días,
Y despierta al dolor…! ¡Ay! agostada
Yace mi juventud; mi faz, marchita;
Y la profunda pena que me agita
Ruga mi frente, de dolor nublada.

　　Nunca tanto sentí como este día
Mi soledad y mísero abandono
Y lamentable desamor… ¿Podría
En edad borrascosa
Sin su amor ser feliz? ¡Oh! ¡si una hermosa
Mi cariño fijase,
Y de este abismo al borde turbulento
Mi vago pensamiento
Y ardiente admiración acompañase!
¡Cómo gozara, viéndola cubrirse
De leve palidez, y ser más bella
En su dulce terror, y sonreírse

Al sostenerla mis amantes brazos...!
¡Delirios de virtud...! ¡Ay! ¡Desterrado,
Sin patria, sin amores,
Sólo miro ante mí llanto y dolores!

  ¡Niágara poderoso!
¡Adiós! ¡adiós! Dentro de pocos años
Ya devorado habrá la tumba fría
A tu débil cantor. ¡Duren mis versos
Cual tu gloria inmortal! ¡Pueda piadoso
Viéndote algún viajero,
Dar un suspiro a la memoria mía!
Y al abismarse Febo en Occidente,
Feliz yo vuele do el Señor me llama,
Y al escuchar los ecos de mi fama,
Alce en las nubes la radiosa frente.

TO MY WIFE

   When wild youth flared
in my fervent veins, in my songs
the stormy eagerness of my passions
spilled painful tears.

   Today I devote them to you, my wife,
when free of illusion, love
inflames our pure hearts,
serene and peaceful shines the day.

   Thus, lost in turbulent seas,
the wretched sailor implores the sky,
when suffering through perilous storm;

   and free from shipwreck, on altars
faithfully consecrates
the damp relics of his ship.

A MI ESPOSA

Cuando en mis venas férvidas ardía
la fiera juventud, en mis canciones
el tormentoso afán de mis pasiones
con dolorosas lágrimas vertía.

Hoy a ti las dedico, esposa mía,
cuando el amor más libre de ilusiones
inflama nuestros puros corazones,
y sereno y de paz me luce el día.

Así, perdido en turbulentos mares,
mísero navegante al cielo implora,
cuando le aqueja la tormenta grave;

y del naufragio libre, en los altares
consagra fiel a la Deidad que adora
las húmedas reliquias de su nave.

HYMN OF THE EXPATRIATE

The sun is king, the waves serene
where prow cuts deep and leaves
in its brilliant wake
a ship-foamed sea.
Land! They cry; we look
to the limit of peace
where far away the horizon
uncovers the mountain I know …Sad eyes, weep!

It's the Pan… in its slopes breathe
the finest and most constant friend,
my precious female friends, my lover…
What treasures of love I have there!
and farther on, my sweet sisters,
my mother, my beloved mother,
surrounded by silence and pain
she languishes moaning for me.

Cuba, Cuba, what a life you gave,
sweet land of light and beauty,
what dreams of glory and fortune
I have found in my happy homeland!
Again I see you ! How severely,
oppressed by my bad luck!
Such oppression threatens my life
in the fields where I came to the world.

But, I refuse to fear the tyrant's thunders.
Poor though I am, I am free;
for the lone soul is the centred soul;
what is gold without glory, gold without peace?
Though I be an outcast, both errant
and oppressed by fate,
I would not trade my life
for the Iberian despot's sceptre.

I have abandoned the illusion of joy.
Oh glory! Give me your divine breath.
Dare I curse my destiny,
when I must conquer or I must die?
There should be envious hearts in Cuba
for my fate is martyr's faith,
and I would rather achieve a splendid death
than suffer bitter and uncertain living.

The unwavering and certain patriot,
engulfed by tumults of evil
either considers the future
or ponders the past.
Like the Andes filled with light
serenely piercing the clouds,
listening for lightning as thunder
rumbles profoundly at their feet.

Sweet Cuba! in your bosom we see
in the highest and deepest degree,
the beauty of the physical world,
the horrors of the moral world.
The sky has made you the flower of earth;
but you betray your power and deny your fate,
for you adore in the despot of Spain
that bloody demon of evil.

Yes, you display your beauty to the sky
dressed in perennial green,
with forehead girded in palms you receive
the offered kisses of the sea.
But the noise of the insolent tyrant,
the piteous moan of the slave,
and the horrendous crack of a whip
is all that we hear from your fields.

Virtue falters
under the yoke of vice
oppressed by crimes of gold
where law is the law of power.
A thousand fools may judge themselves great
bought with honours measured in weight,
they worship blindly the tyrant, prostrate
by the foot of his evil throne.

   The inner spirit opposes power,
and death defies death;
constancy chains itself to luck,
he who knows how to die, forever wins.
let us bind each glorious name
to the rapid flight of centuries;
let us raise our eyes skyward,
and look to the years yet to come.

   Better by far to present the dauntless
chest to the enemy sword,
than to lie down in a bed of pain
where the coward suffers his thousand deaths.
May the glory of deeds inspire
the ardour of the ever-constant patriot,
and laurel his haloed brow with a brilliant light
the moment of his happy death.

   Are you afraid of blood...? It is better
in battle to shed it in torrents,
than to drag the body through hot channels
of vice, anguish and horror.
What do you have? Not even the grave
is safe in this unhappy land.
Does our blood not serve the tyrant
to fertilize his Spanish soil?

If it's true that a people cannot
exist but to be locked hard in chains,
while fierce heaven condemns them
to shame and eternal oppression;
if such be truth and fate, my heart
refuses that sad and melancholy horror,
I swear to follow the sublime madness
of Washington, and Brutus, and Cato.

   Cuba! you will finally be free and pure
like the breath of light that you breathe,
like the roiling waves that you feel
kissing the sand of your coasts.
Though vile traitors serve the tyrant,
his cruelty will fail, for
not without hope between Cuba and Spain
the sea spreads wide its waves.

HIMNO DEL DESTERRADO

Reina el sol, y las olas serenas
corta en torno la proa triunfante,
y hondo rastro de espuma brillante
va dejando la nave en el mar.
¡Tierra! claman; ansiosos miramos
al confín del sereno horizonte,
y a lo lejos descúbrese un monte...
Le conozco... ¡Ojos tristes, llorad!

Es el Pan... En su falda respiran
el amigo más fino y constante,
mis amigas preciosas, mi amante...
¡Qué tesoros de amor tengo allí!
Y más lejos, mis dulces hermanas,
y mi madre, mi madre adorada,
de silencio y dolores cercada
se consume gimiendo por mí.

Cuba, Cuba, que vida me diste,
dulce tierra de luz y hermosura,
¡cuánto sueño de gloria y ventura
tengo unido a tu suelo feliz!
¡Y te vuelvo a mirar...! ¡Cuán severo,
hoy me oprime el rigor de mi suerte!
La opresión me amenaza con muerte
en los campos do al mundo nací:

Mas, ¿qué importa que truene el tirano?
Pobre, sí, pero libre me encuentro;
sola el alma del alma es el centro;
¿Qué es el oro sin gloria ni paz?
Aunque errante y proscripto me miro,
y me oprime el destino severo,
por el cetro del déspota ibero
no quisiera mi suerte trocar.

Pues perdí la ilusión de la dicha,
dame ¡oh gloria! tu aliento divino.
¿Osaré maldecir mi destino,
cuando puedo vencer o morir?
　Aun habrá corazones en Cuba
que me envidien de mártir la suerte,
y prefieran espléndida muerte
a su amargo azaroso vivir.

　De un tumulto de males cercado
el patriota inmutable y seguro,
o medita en el tiempo futuro,
o contempla en el tiempo que fue.
　Cual los Andes en luz inundados
a las nubes superan serenos,
escuchando a los rayos y truenos
retumbar hondamente a su pie.

　¡Dulce Cuba! en tu seno se miran
en el grado más alto y profundo,
la belleza del físico mundo,
los horrores del mundo moral.
　Te hizo el cielo la flor de la tierra;
mas tu fuerza y destinos ignoras,
y de España en el déspota adoras
al demonio sangriento del mal.

　¿Ya qué importa que al cielo te tiendas
de verdura perenne vestida,
y la frente de palmas ceñida
a los besos ofrezcas del mar,
　si el clamor del tirano insolente,
del esclavo el gemir lastimoso,
y el crujir del azote horroroso
se oye sólo en tus campos sonar?

Bajo el peso del vicio insolente
la virtud desfallece oprimida,
y a los crímenes y oro vendida
de las leyes la fuerza se ve.
   Y mil necios, que grandes se juzgan
con honores al peso comprados,
al tirano idolatran, postrados
de su trono sacrílego al pie.

   Al poder el aliento se oponga,
y a la muerte contraste la muerte;
la constancia encadena la suerte,
siempre vence quien sabe morir.
   Enlacemos un nombre glorioso
de los siglos al rápido vuelo;
elevemos los ojos al cielo,
y a los años que están por venir.

   Vale más a la espada enemiga
presentar el impávido pecho,
que yacer de dolor, en un lecho,
y mil muertes muriendo sufrir.
   Que la gloria en las lides anima
el ardor del patriota constante,
y circunda con halo brillante
de su muerte el momento feliz.

   ¿A la sangre teméis…? En las lides
vale más derramarla a raudales,
que arrastrarla en sus torpes canales
entre vicios, angustias y horror.
   ¿Qué tenéis? Ni aun sepulcro seguro
en el suelo infelice cubano.
¿Nuestra sangre no sirve al tirano
para abono del suelo español?

Si es verdad que los pueblos no pueden
existir sino en dura cadena,
y que el cielo feroz los condena
a ignominia y eterna opresión;
   de verdad tan funesta mi pecho
el horror melancólico abjura,
por seguir la sublime locura
de Washington, y Bruto, y Catón.

   ¡Cuba! al fin te verás libre y pura
como el aire de luz que respiras,
cual las ondas hirvientes que miras
de tus playas la arena besar.
   Aunque viles traidores le sirvan,
del tirano es inútil la saña,
que no en vano entre Cuba y España
tiende inmenso sus olas el mar.

IMMORTALITY

When luminous stars burn
In the serene ether of sombre night,
The melancholy heart
Comes full-confused with fear

Oh! thus they will revolve when in the bosom
Of the cold tomb stilled by sleep ...!
In weakness and in pride
I suffer uselessly whispering my fears.

But, what do I say? — ineluctable fortune
Also dooms the stars to die,
For they will see their light age-dimmed.

But greater than time and death
My soul, shall know the ruin of the world,
To that future eternity's bound.

INMORTALIDAD

Cuando en el éter fúlgido y sereno
Arden los astros por la noche umbría,
El pecho de feliz melancolía
Y confuso pavor siéntese lleno

¡Ay! ¡así girarán cuando en el seno
Duerma yo inmóvil de la tumba fría…!
Entre el orgullo y la flaqueza mía
Con ansia inútil suspirando peno.

Pero ¿qué digo? — Irrevocable suerte
También los astros a morir destina,
Y verán por la edad su luz nublada.

Mas superior al tiempo y a la muerte
Mi alma, verá del mundo la ruina,
A la futura eternidad ligada.

From José Martí's Poetic Heritage / Del patrimonio poético de Martí

YOKE AND STAR

When I was born, without sun, my mother said:
—flower of my bosom, generous Homagno
From me and from Creation sum and reflection,
Fish that turns into bird and steed and man,
Look at these two emblems of life that,
In pain, I offer you: go and select.
This one is a yoke: he, who accepts it, enjoys:
He works as a humble ox, and as he lends
Service to the lords, he sleeps in warm
Straw, and has rich and bountiful oats.
This one, oh mystery born from myself
As the summit was born from the mountain,
This one, that illuminates and destroys, is a star:
As it sprays light, sinners
Run away from he who carries such light, and in life,
Like a criminal crime-laden monster,
Everyone who is burdened by light remains in solitude.
But the man who without shame impersonates the ox,
Returns to the ox, and the universal measure
Begins again in the life of a dull brute.
He who takes the star without fear,
As he creates, he blooms!
When to the world
The living pours his life as it is with the pouring of liquor:
When, as a delicacy prepared for sanguinary
Human festivities, pleased and somber, he offers
His own heart: when to the North wind
And to the South wind he breathes his sacred voice, —
The star like a mantle, in light enfolds him,
The clear air, as if in a celebration, blazes up,
And the living, unafraid to live,
Are heard to climb another step in the shadow!

—Give me the yoke, oh Mother, so that
Standing on it, I might better show on my forehead
The star that illuminates and kills.

YUGO Y ESTRELLA

Cuando nací, sin sol, mi madre dijo:
—Flor de mi seno, Homagno generoso
De mí y de la Creación suma y reflejo,
Pez que en ave y corcel y hombre se torna,
Mira estas dos, que con dolor te brindo,
Insignias de la vida: ve y escoge.
Este, es un yugo: quien lo acepta, goza:
Hace de manso buey, y como presta
Servicio a los señores, duerme en paja
Caliente, y tiene rica y ancha avena.
Esta, oh misterio que de mí naciste
Cual la cumbre nació de la montaña,
Ésta, que alumbra y mata, es una estrella:
Como que riega luz, los pecadores
Huyen de quien la lleva, y en la vida,
Cual un monstruo de crímenes cargado,
Todo el que lleva luz se queda solo.
Pero el hombre que al buey sin pena imita,
Buey vuelve a ser, y en apagado bruto
La escala universal de nuevo empieza.
El que la estrella sin temor se ciñe,
Como que crea, crece!
   Cuando al mundo
De su copa el licor vació ya el vivo:
Cuando, para manjar de la sangrienta
Fiesta humana, sacó contento y grave
Su propio corazón: cuando a los vientos
De Norte y Sur vertió su voz sagrada, —
La estrella como un manto, en luz lo envuelve,
Se enciende, como a fiesta, el aire claro,
Y el vivo que a vivir no tuvo miedo,
Se oye que un paso más sube en la sombra!

—Dame el yugo, oh mi madre, de manera
Que puesto en él de pie, luzca en mi frente
Mejor la estrella que ilumina y mata.

Gabriel de la Concepción Valdés
(1809-1844)

Of a mixed racial background, Gabriel de la Concepción Valdés (Plácido) is a symbol of the cultural ripening of Cubaness. One of the first martyrs of the struggle for the independence of the island, he was executed by the Spanish authorities during the repression that followed the Escalera Plot of 1844. A poet of the indigenous he brought minstrel drollery to Creole currents of Cuban poetry. According to José Lezama Lima, Plácido was the first Cuban poet to be both admired by a cultivated readership and by common people. "His was the happiness of home, of parties, of guitars, and of melancholy night. He had the key that opened the door to the roisterous and the aerial.

Gabriel de la Concepción Valdés (Plácido) es símbolo de la maduración cultural de lo cubano. De origen mestizo, fue ejecutado por las autoridades españolas durante la represión que siguió a la Conspiración de la escalera (1844), con lo que se convirtió en uno de los primeros mártires de las luchas independentistas de la isla. Se encuentra entre los poetas relacionados con las corrientes indigenista y criollista de la poesía cubana a la que incorpora la gracia juglaresca. Según José Lezama Lima, Plácido fue el primer poeta cubano gustado tanto por los cultos como por las gentes del pueblo. "Fue la alegría de la casa, de la fiesta, de la guitarra y de la noche melancólica. Tenía la llave que abría la puerta de lo fiestero y aéreo." (J. Lezama Lima, 1965)

TO AN UNGRATEFUL WOMAN

   Enough of love: if once I loved you
my youthful madness is now over,
because, Celia, your candid beauty
is like resplendent and cold snow.

   I cannot find in you the intense kindness
that my ardent soul strives to find,
neither in the shadows of the dark night,
nor in the splendid light of the clear day.

   I don't want a love like that you give to me,
deaf to moaning, insensible to begging:
I want to decorate with myrtle branches

  a heart that blindly idolises me,
I want to kiss a deity in flames,
I want to embrace a woman of fire.

A UNA INGRATA

Basta de amor: si un tiempo te quería
ya se acabó mi juvenil locura,
porque es, Celia, tu cándida hermosura
como la nieve, deslumbrante y fría.

No encuentro en ti la extrema simpatía
que mi alma ardiente contemplar procura,
ni entre las sombras de la noche oscura,
ni a la espléndida luz del claro día.

Amor no quiero como tú me amas,
sorda a los ayes, insensible al ruego:
quiero de mirtos adornar con ramas

un corazón que me idolatre ciego,
quiero besar a una deidad de llamas,
quiero abrazar a una mujer de fuego.

TO MY BELOVED

   Behold, my love, how leafless and withered
in the heat that rose becomes
which yesterday brilliant, and fragrant, and fresh
I placed in your perfumed white hand.

   Soon it will turn to dross:
you will not find in the world a single thing
that is not confined by or forced
into joyful or painful change.

   After the storm, comes calmness,
after zeal, only boredom and sorrow:
forgive me if I harbour distrust

   and doubt your tenderness and your love,
with so much change in the world
is there only hardness in your heart?

A MI AMADA

Mira, mi bien, cuán mustia y deshojada
está con el calor aquella rosa
que ayer brillante, fresca y olorosa,
puse en tu blanca mano perfumada.

Dentro de poco tornárase en nada:
no verás en el mundo alguna cosa
que a mudanza feliz o dolorosa
no se encuentre sujeta u obligada.

Sigue a las tempestades la bonanza,
síguenle al gusto el tedio y la tristeza:
perdóname que tenga desconfianza

y dude de tu amor y tu terneza,
que habiendo en todo el mundo tal mudanza
¿sólo en tu corazón habrá firmeza?

XICOHTENCATL

The troops of Montezuma
go scattered to the fields,
lamenting that their gods
showed neither favour nor support:
meanwhile, Xicohtencatl, his forehead laurelled
with blue and white feathers,
riding upon a golden palanquin
embroidered with rich pearls,
so brilliant and sun dazzled,
they hurt the sight,
the young triumphant warrior
in glory enters Tlaxcala.
Hymns extol his victory,
he arrives perfumed and aromatic
engulfed by warriors,
his people gather from all around,
three hundred pure virgins
sing happily to honour him.
"Insult and affront to the defeated,
fame and glory to the victor."
He comes to the spacious plaza
greeted by ancient Senators
who thank him a thousand times.
But, why does the hero
jump fast from his litter
and run like lightening in ether
over the mob?
The echo of the conch
reverberates through the valleys
announcing the death of prisoners.
In the distance, the flames
of open fires, rise from victims
who lower their withered foreheads.

There he comes; his followers
turn fury into delight,
as they raise to the sky
their threatening pikes.
"You are spared!" he shouts, and casts
his collar to the ground; the poor beings
that enjoy life thanks to him stand and cross their arms.
"Go back to Mexico, slaves;
nothing impedes your leaving,
and tell your master,
many times defeated,
that young Xicohtencatl
does not practice such cruelties as he,
neither do I flood the floor
with the blood of murdered captives;
say that the chief of Tlaxcala
deigns neither to destroy
nor to burn such scattered and defenceless troops,
but rather he chooses to face them armed again and in formation;
tell your leader to prepare his bravest bowmen
and we will meet in battle
with only one pike of mine
for three hundreds of his;
tell him to fear that ill-fated day
with my rage grown strong;
then, not even on his throne
will his life be safe;
and that if he cuts the bridges
so that I cannot reach him,
I will build with the skulls of his warriors
a roadway to cross the lagoon",
and having said this to them, he went to the banquet
where the nobles drank

their palm nectar and cheered.
Ever a victor, for years
he lived on in wealth;
but as upon the earth
there is no stable and continuous joy,
time came to change his fortune,
and brought him a death so sorrowful
that to this hour his tomb remains unknown,
the unfound place of death for he,
who stood alive before lances
with golden spearheads
as ran aghast that day
the troops of Montezuma.

JICOTENCAL

Dispersas van por los campos
las tropas de Moctezuma,
de sus dioses lamentando
el poco favor y ayuda:
mientras, ceñida la frente
de azules y blancas plumas,
sobre un palanquín de oro
que finas perlas dibujan,
tan brillantes que la vista,
heridas del sol, deslumbran,
entra glorioso en Tlascala
el joven que de ellas triunfa.
Himnos le dan la victoria,
y de aromas le perfuman
guerreros que le rodean,
y el pueblo que le circunda,
a que contestan alegres
trescientas vírgenes puras.
"Baldón y afrenta al vencido,
loor y gloria al que triunfa."
Hasta la espaciosa plaza
llega, donde le saludan
los ancianos Senadores,
y gracias mil le tributan.
Mas ¿por qué veloz el héroe,
atropellando la turba,
del palanquín salta y vuela
cual rayo que el éter surca?
Es que ya del caracol,

que por los valles retumba,
a los prisioneros muerte
el eco sonante anuncia.
Suspende a lo lejos hórrida
la hoguera su llama fúlgida,
de humanas víctimas ávida,
que bajan sus frentes mustias.
Llega; los suyos al verle
cambian en placer la furia,
y de las enhiestas picas
vuelven al cielo las puntas.
"¡Perdón!", exclama, y arroja
su collar; los brazos cruzan
aquellos míseros seres
que vida por él disfrutan.
"Tornad a Méjico, esclavos;
nadie vuestra marcha turba,
y decid a vuestro amo,
vencido ya veces muchas,
que el joven Jicotencal
crueldades como él no usa,
ni con sangre de cautivos
asesino el suelo inunda;
que el cacique de Tlascala
ni batir ni quemar gusta
tropas dispersas e inermes,
sino con armas y juntas;
que arme flecheros más bravos
y me encontrará en la lucha,
con solo una pica mía
por cada trescientas suyas;
que tema el día funesto
que mi enojo al punto suba;
entonces ni sobre el trono
su vida estará segura;

y que si los puentes corta
porque no vaya en su busca,
con cráneos de sus guerreros
calzada haré en la laguna",
dijo, y marchose al banquete
do está la nobleza junta
y el néctar de las palmeras
entre vítores se apura.
Siempre vencedor después
vivió lleno de fortuna;
mas como sobre la tierra
no hay dicha estable y segura,
vinieron atrás los tiempos
que eclipsaron su ventura,
y fue tan triste su muerte
que aún hoy se ignora la tumba
de aquél ante cuya clava
barreada de áureas puntas
huyeron despavoridas
las tropas de Moctezuma.

ORISON TO GOD[1]

Being of great goodness, Almighty God!
To you I cling in my vehement pain;
Extend your omnipotent arm,
Rip from slander the odious veil,
And tear from me this ignominious seal
Which the world would smear upon my brow!

King of Kings!, God of my ancestors!,
You are my only protector, my God!...
Almighty is He who gave to the sombre sea
The waves and fishes, a moon to the skies,
Fire to the Sun, a whirling to the wind, to the North, ice,
Life to plants, movement to the river.

You are almighty, all ends in You
Or lives again to hear Your holy voice:
Beyond You, Lord, all is nothing,
In a bottomless pit eternity perishes,
Where even the nothingness of that abyss obeys you,
Since out of nothing humanity was created.

I cannot deceive you, God of mercy;
Because your eternal wisdom
Sees through my body to my soul
Like the clear transparency of air,
Impeded by humiliating innocence
Slender impiety claps its hands.

Interfere with it, Lord, for the precious
Bloodshed that fault seals
From Adam's sin, or for that
Pure, sweet and loving Mother,
When shrouded in grief, bent and tearful
Followed Your death heliacal star.

But if it suits Your omnipotence
That I perish like an impious villain,
And men should shame my cold dead
Body with malignant indifference,
Raise Your voice, and my earthly existence end...
Let that be Your will in me, my God!

[1] On his way to the scaffold, he recited the poem "Orison to God."

PLEGARIA A DIOS[1]

Ser de inmensa bondad, ¡Dios poderoso!
A vos acudo en mi dolor vehemente;
¡Extended vuestro brazo omnipotente,
Rasgad de la calumnia el velo odioso,
Y arrancad este sello ignominioso
Con que el mundo manchar quiere mi frente!

¡Rey de los Reyes!, ¡Dios de mis abuelos!,
Vos solo sois mi defensor, ¡Dios mío!...
Todo lo puede quien al mar sombrío
Olas y peces dio, luna a los cielos,
Fuego al sol, giro al aire, al Norte hielos,
Vida a las plantas, movimiento al río.

Todo podéis vos, todo fenece
O se reanima a vuestra voz sagrada:
Fuera de vos, Señor, el todo es nada,
Que en la insondable eternidad perece,
Y aún esa misma nada os obedece,
Pues de ella fue la humanidad creada.

Yo no os puedo engañar, Dios de clemencia;
Y pues vuestra eternal sabiduría
Ve al través de mi cuerpo el alma mía
Cual del aire a la clara transparencia,
Estorbad que humillando la inocencia
Bata sus palmas la calumnia impía.

Estorbadlo, Señor, por la preciosa
Sangre vertida, que la culpa sella
Del pecado de Adán, o por aquella
Madre cándida, dulce y amorosa,
Cuando envuelta en pesar, mustia y llorosa
Siguió tu muerte heliaca estrella.

Mas si cuadra a tu suma omnipotencia
Que yo perezca cual malvado impío,
Y que los hombres mi cadáver frío
Ultrajen con maligna complacencia,
Suene tu voz, y acabe mi existencia...
¡Cúmplase en mí tu voluntad, Dios mío!

[1]El poema "Plegaria a Dios" lo declamaba al ser conducido al cadalso.

THE FOUNTAIN OF INDIA HAVANA

Look at Havana colour of snow,
Gentile India of fine features,
Over a crystalline fountain,
sitting on an alabaster throne;

She never complains for her bad luck
Nor regrets the ever-enthralling sun,
Neither by rough weather destroyed,
Nor by raging tempest moved,

Oh belle! Your affliction is far greater
Than this tenacious and expansive wall
That surrounds your lovely cobbled square;

Yet you are pure marble, entirely made
Without soul, without warmth, without feelings,
Carved by the blows of adamant iron.

LA FUENTE DE LA INDIA HABANA

Mirad la Habana allí color de nieve,
Gentil indiana de estructura fina,
Dominando una fuente cristalina,
Sentada en trono de alabastro breve;

Jamás murmura de su suerte aleve,
Ni se lamenta al sol que la fascina,
Ni la cruda intemperie la extermina,
Ni la furiosa tempestad la mueve,

¡Oh beldad! Es mayor tu sufrimiento
Que ese tenaz y dilatado muro
Que circunda tu hermoso pavimento;

Empero tú eres toda mármol puro,
Sin alma, sin calor, sin sentimiento,
Hecha a los golpes con el hierro duro.

Gertrudis Gómez de Avellaneda
(1814-1873)

Gertrudis Gómez de Avellaneda was born in Camagüey, Cuba and lived most of her life in Spain. Her extensive literary production, mostly poetry, includes novels and plays. She is known as the Great Lady of Cuban poetry and as the Tenth Muse. Within the cultural panorama of her time, her literary production stands out for its honesty and passion. "Parting", dedicated to her homeland and "To Him" reveal Avellaneda as a woman of intense passions.

Gertrudis Gómez de Avellaneda nació en Camagüey, Cuba y vivió la mayor parte de su vida en España. Realizó una extensa obra literaria, sobre todo poética, que incluye novelas y dramas. A ella se refieren como la Gran Dama de la poesía cubana y como la Décima Musa. Dentro del panorama de la literatura de su tiempo, su obra se destaca por su honestidad y apasionamiento. "Al partir" dedicado a la patria y "A él" la revelan como mujer de intensas pasiones.

PARTING

Pearl of the Sea! Star of the West!
Beautiful Cuba! The night conceals
Your brilliant sky with its dark veil,
as pain consumes my sorrowing brow.

I am parting!... the diligent rabble,
Hoist sail to take me away
From my native land as soon, at their command
the breeze stirs from your ardent zone.

Good-bye, happy motherland, dear Eden!
Wherever fate in its fury drives me,
your sweet name will please my ear!

Good-bye!... The slow sail creaks...
The anchor lifts... the ship, shaken,
cuts through the waves and silently flies!

AL PARTIR

¡Perla del Mar! ¡Estrella de Occidente!
¡Hermosa Cuba! Tu brillante cielo
La noche cubre con su opaco velo,
como cubre el dolor mi triste frente.

¡Voy a partir!... La chusma diligente,
Para arrancarme del nativo suelo
Las velas iza, y pronta a su desvelo
la brisa acude de tu zona ardiente.

¡Adiós, patria feliz, edén querido!
¡Doquier que el hado en su furor me impela,
tu dulce nombre halagará mi oído!

¡Adiós!... Ya cruje la turgente vela...
El ancla se alza... el buque, estremecido,
las olas corta y silencioso vuela!

TO HIM

No bond remains; all lies broken:
Heaven is pleased: blessed be the way!
With pleasure I drink this bitter cup:
At last my uncraving soul finds rest.

I loved you once — no more: so I think, at least.
Never to regard false truth!
Oblivion swallows with bitterness
So many years; the heart breathes.

Mercilessly you have broken that heart: Once and again
You insanely trampled upon my pride...
But never will my lips exhale a murmur
Accusing you of tyranny.

Of grave faults, a terrible avenger,
Meekly you fulfilled your mission; don't you know it?
Yours was not the will that, irresistible,
Placed before you my conquering passions.

God desired that, and so it occurred; Blessed be thy name!
All is completed: I catch my breath.
Angel of revenge! You are a man already...
Neither love nor fear do I feel to look at you.

Your sceptre fallen, your sword blunted...
But Oh!, what a sorrowful liberty I breathe!
I made a world out of you, dumbfounded now,
I see myself in a vast and depthless solitude.

Live happily! If any day
You should see this eternal farewell,
Know that in my soul you will find
Generous forgiveness, tender love.

A ÉL

No existe lazo ya; todo está roto:
Plúgole al cielo así: ¡bendito sea!
Amargo cáliz con placer agoto:
Mi alma reposa al fin; nada desea.

Te amé, no te amo ya: piénsolo, al menos.
¡Nunca, si fuere error, la verdad mire!
Que tantos años de amarguras llenos
Trague el olvido; el corazón respire.

Lo haz destrozado sin piedad: mi orgullo
Una vez y otra vez pisaste insano…
Mas nunca el labio exhalará un murmullo
Para acusar tu proceder tirano.

De graves faltas vengador terrible,
Dócil llenaste tu misión; ¿lo ignoras?
No era tuyo el poder que, irresistible,
Postró ante ti mis fuerzas vencedoras

Quísolo Dios, y fue; ¡Gloria a su nombre!
Todo se terminó: recobro aliento.
¡Ángel de las venganzas! Ya eres hombre…
Ni amor ni miedo al contemplarte siento.

Cayó tu cetro, se embotó tu espada…
Mas ¡ay!, cuán triste libertad respiro!
Hice un mundo de ti, que hoy se anonada,
Y en honda y vasta soledad me miro.

¡Vive dichoso tú! Si en algún día
Ves este adiós que te dirijo eterno,
Sabe que aún tienes en el alma mía
Generoso perdón, cariño tierno.

A SONNET IMITATING ONE OF SAFO'S ODES

Happy who by your side, sighs for you!
who hears the echo of your rich voice!
who adores the pleasure of your laugh
and inhales sweet fragrance of your breath!

So much fortune — that the envious
heavenly cherub such luck admires —
troubles the soul, devours the heart,
and the inelegant accent, in expressing it, expires.

Before my eyes, the world disappears,
and deep love I feel rushing
quick through my veins.

Tremulous, helpless I want to resist you...
my cheek with ardent tears is blushing...
delirium, joy, I bless you and die!

SONETO IMITANDO A UNA ODA DE SAFO

¡Feliz quien junto a ti por ti suspira!
¡quien oye el eco de tu voz sonora!
¡quien el halago de tu risa adora
y el blando aroma de tu aliento aspira!

Ventura tanta — que envidioso admira
el querubín que en el empíreo mora —
el alma turba, al corazón devora,
y el torpe acento, al expresarlo, expira.

Ante mis ojos desaparece el mundo,
y por mis venas circular ligero
el fuego siento del amor profundo.

Trémula, en vano resistirte quiero…
de ardiente llanto mi mejilla inundo…
¡delirio, gozo, te bendigo y muero!

TO THE STARS

Silence reigns: while fulgent glow,
lights of peace, purest starlight,
of joyful night lamped beautifully bright,
embroidered in gold sky's mournfully mantled brow.

Pleasure sleeps, my anguish keeps vigil now,
silence breaks to feel my plight,
echo returns, with lost delight,
the ominous song of the birds of night.

Stars, whose humble and pure light
the sea's bluish mirror doubles in sight!
If you are moved to feel the acrid bite

and intense distress of my groaned rejection,
why to illuminate my somber night
don't you have, oh! a bleak reflection?

A LAS ESTRELLAS

Reina el silencio: fúlgidas en tanto,
luces de paz, purísimas estrellas,
de la noche feliz lámparas bellas,
bordáis con oro su luctuoso manto.

Duerme el placer, mas vela mi quebranto,
y rompen el silencio mis querellas,
volviendo el eco, unísono con ellas,
de aves nocturnas el siniestro canto.

¡Estrellas, cuya luz modesta y pura
del mar duplica el azulado espejo!
Si a compasión os mueve la amargura

del intenso penar por que me quejo,
¿cómo para aclarar mi noche oscura
no tenéis ¡ay! ni un pálido reflejo?

TO GOD

   Is it not delirium, Lord? You, who are absolute
in beauty, might, intelligence;
You, whose essence is perfection
and happiness your holy attribute;

   You, to me, who are born a brute to die a brute,
You, to me, who receive evil as my inheritance,
You, to me, precarious being, my impotence
yields only sterile pain for fruit…

   Do you look for me, oh God! You deign
to accept my love like victory
won by your love at my whim?

   Yes! It is not delirium: it is deserving
of your supreme might to make humble dross
capable of increasing your glory!

A DIOS

¿No es delirio, Señor? Tú, el absoluto
en belleza, poder, inteligencia;
Tú, de quien es la perfección esencia
y la felicidad santo atributo;

Tú, a mí, que nazco y muero como el bruto,
Tú, a mí, que el mal recibo por herencia,
Tú, a mí, precario ser, cuya impotencia
sólo estéril dolor tiene por fruto...

¿Tú me buscas ¡oh Dios! Tú el amor mío
te dignas aceptar como victoria
ganada por tu amor a mi albedrío?

¡Sí! no es delirio: que a la humilde escoria,
digno es de tu supremo poderío
hacer capaz de acrecentar tu gloria!

José Jacinto Milanés
(1814-1863)

José Jacinto Milanés is one of the most distinguished representatives of Cuban romantic poetry. His productive life is brief, since pain for an undeserving love drove him crazy. His verse recreates elements of the island's fauna and flora with special charm. "The Turtledove's Flight" uses those elements to accomplish the wonder of a perfect meeting of the music and the rhythm of the Spanish spoken in Cuba. This poem, a song to the natural essence of the movement of the spirit in search of liberty, results premonitory to the independent struggles of the Cubans of following generations.

José Jacinto Milanés es uno de los más distinguidos representantes de la poesía romántica de Cuba. Su vida productiva se centra en un breve período pues la pena por un amor no correspondido le hizo perder la razón. Su verso se recrea en elementos de la fauna y la flora de la isla con encanto particular. "La fuga de la tórtola" utiliza esos elementos para realizar la maravilla del encuentro perfecto entre la música y el ritmo del español hablado en Cuba. Este poema, canto a la esencia natural del movimiento del espíritu en búsqueda de la libertad, resulta premonitorio de las luchas independentistas de los cubanos de las próximas generaciones.

THE TURTLEDOVE'S FLIGHT

My turtledove! Though unconfined,
Made to my bed, at my table dined,
Now to kiss with another kiss nigh,
Why have you left? What flight to fly,
Little wild thing of the red feet?

Only greenest leaves do your eyes seek?
The freshest brook invites your beak?
The rustling breeze that makes summon?
My turtledove, my little one,
Gone to the woods and there you've stayed!

Hear my call that fearing sings.
What good is there in flapping wings
If perils threaten your life all year:
The slingshot skill, the bullet sere,
The cautious snake of the bush land near?

But Oh! Your flight has well expressed
Your yen for freedom, by passion blessed
And though I weep, I say 'well done'.
My turtledove, my little one,
Gone to the woods and there you've stayed!

If you stay there, who my secrets know
My hidden love, my ravings' flow,
My sweet illusions that honey gives,
When I stay to watch where the river lives
And the high moon shines upon its waves?

Broken-hearted, sad and sallow,
I shall be dying, since in my woe
My confidant of sweet abandon.
My turtledove, my little one,
Gone to the woods and there you've stayed!

LA FUGA DE LA TÓRTOLA

¡Tórtola mía! Sin estar presa
Hecha a mi cama y hecha a mi mesa,
A un beso ahora y otro después,
¿Por qué te has ido? ¿Qué fuga es ésa,
Cimarronzuela de rojos pies?

¿Ver hojas verdes solo te incita?
¿El fresco arroyo tu pico invita?
¿Te llama el aura que susurró?
¡Ay de mi tórtola, mi tortolita,
Que al monte ha ido y allá quedó!

Oye mi ruego, que el miedo exhala.
¿De qué te sirve batir el ala,
Si te amenazan con muerte igual
La astuta liga, la ardiente bala,
Y el cauto jubo del manigual?

Pero ¡ay! Tu fuga ya me acredita
Que ansías ser libre, pasión bendita
Que aunque la lloro la apruebo yo.
¡Hay de mi tórtola, mi tortolita
Que al monte ha ido y allá quedó!

Si ya no vuelves ¿a quién confío
Mi amor oculto, mi desvarío,
Mis ilusiones que vierten miel,
Cuando me quede mirando al río
Y a la alta luna que brilla en él?

Inconsolable, triste y marchita,
Me iré muriendo, pues en mi cuita
Mi confidenta me abandonó.
¡Ay de mi tórtola, mi tortolita
Que al monte ha ido y allá quedó!

ILLUSION

When the hand of benign dream-thought
Closes my eyes and flatters my night
A beautiful apparition of merriest sight
Flies and wanders around my bed-cot.

Now she gleefully looks, then without bliss;
But with debonair frown of fair sorceress:
Now, sweet balm for my ill-fated soulfulness!
Leaves on my lip a pleasing kiss.

And by now she tells me with angelic tongue
Words like music, or with me enwrapped
Under her vast transparent wings in thralls.

Who are you, blissful eidolon?
Were you in this world by toil entrapped?
Or do you, angel, tread heavenly halls?

LA ILUSIÓN

Cuando la mano del benigno sueño
Mis ojos cierra y mi velar halaga,
En torno de mi lecho vuela y vaga
Fantasma bello de mirar risueño.

Ora alegre me mira, ora con ceño;
Pero ceño gentil de hermosa maga:
Ora ¡bálsamo dulce a mi alma aciaga!
Vierte en mi labio un ósculo halagüeño.

Y ya con lengua angélica me dice
Palabras como música, o me abriga
Bajo sus grandes transparentes alas.

¿Quién eres pues, espíritu felice?
¿Naciste en este mundo de fatiga,
O pisas ángel las celestes salas?

THE SEA

  Oh how beautiful the sea at sunrise
Its mild undulation silver-plated with light! ...
The luscious blue that gives delight
Cannot be painted but only by feelings surmised.

  What could I say, when the ardent planet,
Lying in sunset, scintillates?
It seems to suspire and agitate
For the dashing star to refuse to set.

  And if when the rising moon is high
We see it, who will give voice to that accent
With which the sea speaks to us? ... Voiceless as a sigh.

  Who will paint the august movement
With which each wave fringes by and by
Its dazzling mantle made opulent?

EL MAR

¡Oh qué bello es el mar cuando en oriente
Su mansa ondulación el sol platea!...
El delicioso azul que le hermosea
No se puede pintar, solo se siente.

¿Y qué diré, cuando el planeta ardiente,
Tendido en el ocaso, centellea?
Parece que suspira y clamorea
Porque el astro gentil no se le ausente.

Y si después al ascender la luna
Lo vemos, ¿quién traducirá el acento
Con que nos habla el mar? ...No hay voz alguna.

¿Quién pintará el augusto movimiento
Con que agita las orlas una a una
Del manto deslumbrante y opulento?

THE EMPTY NEST
Song

Oh! My charming loves
The ones I've known are gone:
But the nest with me remains.

With a chaste and joyful soul
I have nurtured my delights,
Like a beautiful and candid wife
Caring for each child.
But oh! my lovely tenderness
Has become only pain. —
Oh! My charming loves
The ones I've known are gone:
But the nest with me remains.

I don't know what hunter
Shaking his cruel dart
Hurt that same nest, and from it
Has caused so much love to depart.
It's better not to know
The troubles of the heart.
Oh! My charming loves
The ones I've known are gone:
But the nest with me remains.

The nest has been deserted,
Though I wait there, and aspire,
Some day, a more fortunate
Love will revive my cold desire.
Meanwhile, in hurt, I say
To my old pains: —
Oh! My charming loves
The ones I've known are gone:
But the nest with me remains.

EL NIDO VACÍO

Cancioncilla

¡Ay! Los mis lindos amores
Idos son, que yo los vi:
Quedóseme el nido aquí.

Con alma casta y gozosa
Cuidaba yo mis cariños,
Como cuida de sus niños
La bella y cándida esposa.
Mas ¡ay! mi ternura hermosa
Convirtióseme en dolores. —
¡Ay! Los mis lindos amores
Idos son, que yo los vi:
Quedóseme el nido aquí.

No sé yo qué cazador
Vibrando un dardo cruel
Hirió el mismo nido, y del
Hizo fugar tanto amor.
Pero ignorarlo es mejor
Para omitir sinsabores. —
¡Ay! Los mis lindos amores
Idos son, que yo los vi:
Quedóseme el nido aquí.

Desierto el nido ha quedado,
Y en él espero, a fe mía,
Que resucite otro día
Amor más afortunado.
Mientras, diré lastimado
A mis antiguos dolores: —
¡Ay! Los mis lindos amores
Idos son, que yo los vi:
Quedóseme el nido aquí.

THE LONELY GIRL

Lonely am I, lonely was I born
Lonely Mother delivered me,
Lonely must I spend my life
Like a feather in the wind.

Alas! the man who loved me
Left me lonesome very soon,
Like the vagrant breeze
That sighing passes by.
   I lost my honour, my home
When I followed in his steps:
Sweet his passion I believed
Pineapple nectar sweet;
Without noticing how
Lonely am I, lonely was I born!

Alas! what a fate this is!
Within horizons I'm alone
Like the palm in the forest,
Like the boulder in the river.
   I have no uncle, no brother:
My father I've never met;
And as all has failed for me
In an endless tempest of the night
In a roofless forlorn shack
Lonely Mother delivered me.

What pain tears me asunder
If I drifting dare to walk
When like the green vines I see
There, embracing the cactus fences!
   All things huddle up and conjoin,
Though all in Cuba know of love:
I know only pain!
Young, and dumb to tenderness,
Like a mate-mourned turtle dove
Lonely must I suffer life!

From the cradle I've known tears
Under this never failing glow
From the sad lamp,
Of a solitary moon.
   At the passing of my fortune
I see elegance in nothing,
And I find only disdain,
All around hope dissolves,
And I am doomed to swirl
Like a feather in the wind.

LA NIÑA SOLA

Sola soy, sola nací
Sola me parió mi madre,
Sola me tengo de andar
Como la pluma en el aire.

¡Ay! que el hombre que me abrasa
Me supo dejar aprisa,
Como la vagante brisa
Cuando suspirando pasa.
  Perdí mi honor y mi casa
Cuando sus pasos seguí:
Dulce su pasión creí
Como el zumo de la piña;
Sin ver que yo, ¡pobre niña!
¡Sola soy, sola nací!

¡Ay! ¡qué destino es el mío!
Sola estoy en mi horizonte
Como la palma en el monte,
Como la peña en el río.
  No tengo hermano ni tío:
Nunca conocí a mi padre;
Y porque nada me cuadre,
Con un temporal deshecho,
En una choza sin techo
Sola me parió mi madre.

¡Qué dolor me despedaza,
Cuando, si errante paseo,
El verde bejuco veo
Que con las cercas se abraza!
   Todo se estrecha y se enlaza,
Todo en Cuba sabe amar:
Y yo, ¡pena singular!
Joven, y al cariño muda,
Como tojosita viuda
¡Sola me tengo de andar!

Llorar sé desde la cuna,
Al resplandor que me asiste
De esa lámpara del triste,
De esa solitaria luna.
   Y al paso que mi fortuna
En nada encuentra donaire,
Y todo lo ve desaire,
Todo esperanzas disueltas,
Tengo que andar dando vueltas
Como la pluma en el aire.

Miguel Teurbe Tolón
y de la Guardia
(1820-1857)

Miguel Teurbe Tolón y de la Guardia was born in Matanzas, studied English, French, Italian and Latin. Tolón immigrated to the United States because of political problems. There, he published, with other Cuban poets *The Lute of the Exiled*. In 1856, he published his *Cuban Legends*. He died the following year. In his brief and intense life, he was a conspirator, a professor, a philologist, all with great courage and ethics. His literary efforts aimed at the creation of a native Cuban poetry.

Miguel Teurbe Tolón y de la Guardia nació en Matanzas, estudió inglés, francés, italiano y latín. Emigró a Estados Unidos por problemas políticos donde publicó, con otros poetas cubanos *El laúd del desterrado*. En 1856 publicó sus *Leyendas cubanas*. En su vida breve y frenética, fue conspirador, emigrado, profesor, filólogo todo con mucho coraje y ética. Su esfuerzo literario estuvo dirigido a la creación de una poesía cubana autóctona.

MY RESOLUTION

I would first rend this heart of mine
where my endless love for Cuba stays;
I would first snap the thousand frays,
that bind me to the chariot of time;

I'd rather drink to the very coda
the last dregs of the cup of woe
I'd rather have my arms aglow
on the red pyre like Scaevola

I'd rather drop by drop, without hurry,
outcast, errant, in American earth,
pour out my weeping with fiery fury;

my hand be my executioner
before receiving from an insolent despot abjuring
absolution to be free and true to my Cuban birth!

MI PROPÓSITO

Primero el corazón en que se anida
mi inmenso amor a Cuba, haré pedazos;
primero romperé mil y mil lazos,
que me atan al carro de la vida;

primero del dolor la copa henchida
apuraré hasta el fin de breves plazos;
primero, como Scévola, mis brazos
pondré sobre la pira enrojecida;

primero gota a gota, lentamente,
proscrito, errante, en suelo americano
regaré sin cesar mi lloro ardiente;

¡primero mi verdugo sea mi mano,
que merecer de un déspota insolente
el perdón de ser libre y ser cubano!

SONNET

The broad firmament dismally sundered
By dreadful mantle of shadow-black:
The Ceiba creaks shaken by winds that crack
Frightful rumbles that dreadfully thundered.

Humanity moans and all that take
Breath, Oh sad they are in fatal time!
Facing that failure the whole clime
Violently wants to loudly break:

I alone, with unknown tread afar,
Look for salvation — Oh! if it I find
At the shimmering light of some bright star.

There in the darkness I perceive the port in kind...
I run... I arrive...an abyss Oh God I jar
Stumbling over rocks... that wake the mind!

SONETO

De negras sombras pavoroso manto
lúgubre envuelto el ancho firmamento:
cruje la Ceiba al sacudirla el viento:
rimbomba el trueno con horrendo espanto.

Gime la humanidad y todo cuanto
respira ¡ay triste en fatal momento!
Romperse quiere con fragor violento
el Orbe todo, ante fracaso tanto:

yo entonces, solo con incierta huella,
busco la salvación — ¡Oh! si la alcanzo
a la trémula luz de alguna estrella.

Allá en la oscuridad diviso el puerto…
corro… llego… un abismo ¡oh Dios! me lanzo
y a rodar por las peñas… ¡me despierto!

Rafael María de Mendive
(1821-1886)

Rafael María de Mendive was born in Havana. An orphan since early in life, his brother taught him Spanish literature, French and Italian. He devoted his life to teaching. José Martí Pérez was one of his disciples. Martí, the apostle of Cuba's independence and the island's most important intellectual of all times, always paid tribute to his teacher. Mendive suffered persecutions and exile because of his patriotic convictions. His poetry is of exquisite taste and refined musicality.

Rafael María de Mendive nació en la Habana. Huérfano desde pequeño, su hermano le enseñó literatura española, francés e italiano. Dedicó su vida a la enseñanza. Contó entre sus discípulos a José Martí Pérez. Martí, apóstol de la independencia de Cuba y su intelectual más importante siempre rindió tributo a su maestro. Por sus convicciones patrióticas, Mendive sufrió persecución y exilio. Su poesía es de gusto exquisito y musicalidad refinada.

INDIFFERENT

    Where has the flower of your hope gone,
Pale virgin crying in grief;
Where is the lovely light of dawn
That once gave light to life's belief?

    Why do you hold to the silent ship,
Neither kindled by love, nor imploring relief,
To watch the image of your dream let slip
In the frightening shadows of time made brief?

    If you still have a heart, wait, be violent
To overthrow the dismal tyranny
Of doubt that oppresses your existence;

    If to your disgrace, your heart is silent:
— You will moan in perpetual captivity
Condemned by your own indifference.

LA INDIFERENTE

¿Dónde la flor de tu esperanza es ida,
Pálida virgen que enlutada lloras;
¿Dónde la hermosa luz de las auroras
Que alumbraron la senda de tu vida?

¿Por qué a la nave del silencio asida,
Ni amor te inflama, ni consuelo imploras,
Y en las sombras del tiempo aterradoras,
La imagen ves de tu ilusión perdida?

Si aún tienes corazón, espera, y lucha
Por derrocar el tenebroso imperio
De la duda que oprime tu existencia;

Mas si no late por tu mal, escucha:
— A gemir en perpetuo cautiverio,
Tu condena tu propia indiferencia.

AFTERNOON PRAYER

The mysterious afternoon mantle
Falls over the silent earth,
Gallant Venus shows its girth,
Sadly the Sun dies.
Let us take by the rough trail
With religious faith and tread frail
While we listen to the prayer that arises
From weeping unto God,

Let us raise the temple in the mountain
With the very heavens for its dome
For light the star, for carpet, loam
And a tree for sacred hour.
Let us listen to the murmuring fountain
The fainting voice, the harmonic moan
Of the leafy bower
Calling us to pray.

For incense amber of the flower,
And the sigh of the wind from afar
The prayer of peace that the sad heart
Sends to God;
Of the sacred organ the grave choir
Music will lift from the streams
And from the singing of innocent birds
The mystic supplication.

Profane life pleasures
Detach from earthly clay;
We hear the echoing immortal lay
Of David's harp:
The body wavers, and the soul set free
From low oppressive matter of mortality.
Soon rises, splendid and sublime,
The happy mansion.

...

LA ORACIÓN DE LA TARDE

Ya de la tarde el manto misterioso
Sobre el callado mundo se desploma,
Ya de Venus gentil el disco asoma,
Ya triste muere el sol.
Llevemos por el áspero camino
Con religiosa fe la débil planta,
Y oigamos la oración que se levanta
De lágrimas a Dios,

Alcemos nuestro templo en la montaña
Teniendo por techumbre el mismo cielo,
Por luz la estrella, por alfombra el suelo
Y un árbol por altar.
Oigamos de la fuente que murmura
La desmayada voz, y el quereloso
Armónico gemir del bosque hojoso
Llamándonos a orar.

El ámbar de la flor será el incienso,
Y el suspiro del viento en lejanía
La plegaria de paz que a Dios envía
Contrito el corazón;
Del órgano sagrado el grave coro
La música será de los torrentes
Y el canto de las aves inocentes
La mística oración.

Ya los profanos goces de la vida
Del barro se desprenden terrenales;
Ya escuchamos los ecos inmortales
Del arpa de David:
El cuerpo ya flaquea, y libre el alma
De la materia vil que aquí la oprime
Ya se levanta espléndida y sublime
La mansión feliz.

[...]

From José Martí's Poetic Heritage / Del patrimonio poético de Martí

BE, WOMAN, FOR ME...

Be woman, for me, like a dove
Sans black wing:
Beneath your span I shelter my existence:
Do not blacken it!

When your brown eyes, clear apertures
of natural grandeur,
Set their light upon someone other than I
I die of grief!

When you look, you involve, when you look
You kiss and caress:
Then, how could I want you to look at anyone,
Dove of the black wing.

SÉ, MUJER, PARA MÍ...

Sé mujer, para mí, como paloma
Sin ala negra:
Bajo tus alas mi existencia amparo:
¡No la ennegrezcas!

Cuando tus pardos ojos, claros senos
De natural grandeza,
En otro que no en mí sus rayos posan
¡Muero de pena!

Cuando miras, envuelves, cuando miras
Acaricias y besas:
Pues ¿cómo he de querer que a nadie mires,
Paloma de ala negra?

José Gonzalo Roldán
(1822-1856)

José Gonzalo Roldán was born in Havana. He graduated at the bar in 1884. He was founder and director of the newspaper *Flores del Siglo*. He also published in other newspapers and magazines of the time. In his work, brief like his life, his sonnets of clean simplicity are pleasing.

Natural de la Habana, José Gonzalo Roldán se graduó de abogado en 1848. Fundó y dirigió el diario *Flores del Siglo* y colaboró en otros periódicos y revistas de la época. En su obra, breve como su vida, sus sonetos, de limpia sencillez, son de agrado.

DREAMING AND LOVING

I dreamed that in a silent forest
By a twinkling limpid mere,
I saw my Lesbia's serene forehead
Forever beautiful and clear:

I dreamed that with a modest hand
She laced gleaming jasmine in ribbon blue,
Joined them to her tender, throbbing bosom and
With dainty braided silk of golden hue.

She said, "Farewell I return to my retreat":
In vain, I tried to stop her wrist,
Like swift wind she was gone from view.

My sweet illusion ended in defeat…
In a sigh the heartbeat made to desist
Forest, lake, jasmine, braid and ribbon blue.

SOÑAR Y AMAR

Soñé que en una selva silenciosa
Junto a un lago risueño y transparente,
Vi de mi Lesbia la serena frente
Pura cual siempre y como siempre hermosa:

Soñé que con manera pudorosa
Puso en un lazo azul jazmín luciente,
Y al seno los unió tierno y latiente,
Con trenzas de áurea seda primorosa.

Díjome "Adiós y vuelvo a mi retiro":
En vano quise detener su brazo,
Fue como el viento rápido su giro.

Y mi dulce ilusión cumplió su plazo...
Y el corazón llevóse en un suspiro
Selva, lago, jazmín, trenzas y lazo.

MY LOVE AND THE MOON

It's you with your star magic and bright,
With your light properly attuned,
Pure, gentle, mysterious moon,
Candid image of my first love's delight.

If you are what pleasantly re-alights
A swan's dream in a limpid pond,
Who saw my love and my fortune beyond,
The same that shone in January nights;

Tell that belle of delicate sight
To think of me when you make her sigh so fond,
That with you and her in love I dream contrite,

That I don't know the nature of my plight,
And I don't know if to life my feet have made their bond
Or if to death my steps are taking flight.

MI AMOR Y LA LUNA

    Eres tú con tu mágico lucero,
Con tu luz que jamás brilla importuna,
Pura, apacible, misteriosa luna,
Cándida imagen de mi amor primero.

    Si eres tú la que vuelves lisonjero
Sueño de cisne en límpida laguna,
La que vistes mi amor y mi fortuna,
La misma que brillaste en enero;

    Dile a aquella beldad de acento blando
Que piense en mí cuando suspire al verte,
Que contigo y su amor estoy soñando,

    Que yo mismo no sé cuál es mi suerte,
Que no sé si a la vida voy andando
O si voy caminando hacia la muerte.

Joaquín Lorenzo Luaces
(1826-1867)

Joaquín Lorenzo Luaces was born in Havana, where he lived most of his life. Well known for his theatrical plays, he composed lengthy odes on nature themes and well-wrought sonnets. He was an artist of the image that bestows energy and life to the poem, as seen in "In Leaving the Coffee Plantation". Of a patriotic nature, Luaces searched antiquity for themes that refer to resistance against injustice and to the struggle for liberty.

Joaquín Lorenzo Luaces era natural de la Habana. Su mala salud le impidió una vida profesional activa. Fue conocido por sus obras para el teatro, sus extensas odas sobre temas naturales y sus sonetos trabajados con manos de orfebre. Fue un artista de la imagen que confiere fuerza y vida al poema, como puede verse en "Salida del cafetal". De pensamiento patriótico, busca en la antigüedad temas referidos a la rebeldía contra la injusticia y la lucha por la libertad.

IN LEAVING THE COFFEE PLANTATION

He jerks with foam the silvery snaffle
the generous princely bridle rein;
he hoops his neck in prideful toss
full of noble ardour and distain.

The tough mouth in the stalwart chest
exhales a stertorous puff and strain,
and beats with noisy racket
with strong callus the uneven terrain.

Free the hair of the wavy tail,
the open nostrils, the evasive eye,
little space for his impatience on the plain.

Jump my dear, at last: take the stirrup without fail,
raise the whip cracking high
as the beast leaves haughtily with his mount behind the mane.

LA SALIDA DEL CAFETAL

Tasca espumante el argentino freno
el bridón principeño generoso;
enarca el cuello en ademán rifoso
de noble ardor y de soberbia lleno.

La dura boca en el membrudo seno
exhala un resoplido estertoroso,
y bate con estrépito ruidoso
con fuerte callo el desigual terreno.

Suelta la crin de la ondulante cola,
abierta la nariz, el ojo esquivo,
poco es el llano a su impaciencia sola.

Salta mi bien, al fin: toma el estribo,
el restallante látigo enarbola
y parte el bruto con su carga altivo.

RESIGNATION

In vain with cruel disdain you try
to hurt my heart for you afire:
this frenzy that loves you blind of eye
turns your anger into goods of my desire.

In vain, you reprimand me for my love alive
and turn your face from my sterile plea;
and when in your presence I arrive
cruelly, you crown temples of rivals unto me.

When Ifigenia fearlessly watched to know
her father's knife above her head as well,
she kindly welcomed death.

And I, feeling the sudden awful blow,
as it comes from you, my sweet gazelle,
I kiss the dagger with submissive final breath.

RESIGNACIÓN

En vano con tus bárbaros desdenes
piensas herir mi corazón de fuego:
el frenesí con que te adora ciego
tus iras trueca en regalados bienes.

En vano por mi amor me reconvienes
y el rostro vuelves a mi estéril ruego;
y cuando acaso a tu presencia llego
coronas, cruel, de mi rival las sienes.

Cuando Ifigenia sin temor veía
el paternal cuchillo enarbolado,
como un favor la muerte recibía.

Y yo, sintiendo el golpe inesperado,
como viene de ti, gacela mía,
beso el puñal y expiro resignado.

TO YOU

Though in your green juvenile time
of love you'd feel the piercing thorn,
in greatest pomp or your April's born,
you don't know about love, my girl divine.

You haven't felt the jealousy that subtly nears
the light and blows up like a mine;
the stupor of approaching ruin,
neither cruel hatreds nor vile fears.

You have not drunk in poisonous bouquet
thirsty for love and its splendid pleasures,
the deadly atmosphere in which I burn.

Example to man, to women dismay,
never have you loved as my love for you measures,
nor have you been reviled as you want me to spurn.

A TI

Aunque en tus verdes años juveniles
de amor sintieras la punzante espina,
tú no sabes de amor, joven divina,
en la pompa mayor de tus abriles.

No has sentido los celos que sutiles
nacen, y estallan cual preñada mina;
el estupor de la cercana ruina,
el odio cruel ni los temores viles.

Tú no has bebido en ponzoñoso ramo,
sedienta del amor y los placeres,
la atmósfera de muerte en que me inflamo.

Y ejemplo al hombre, espanto a las mujeres,
no has amado jamás como te amo,
ni te han odiado como odiarme quieres.

REMEMBRANCES OF CHILDHOOD

In this countryside where once ran I
treading over charming scented flowers;
this forest that shapes prominent powers
saw me while I chased a butterfly.

This mamey that offered its fruits with affection
to my childish and candid impatience
while in pastoral and happy independence
I saw on its trunk the day's reflection.

In the music of whispering palms
Rosa inspired in me my first ardency
half in rural and half in royal style.

Oh countryside, when I see your green field calms
my young heart beats cheerfully!
Be blessed by the man who loved you as a child!

RECUERDOS DE LA INFANCIA

Estos campos son donde corría
hollando flores de exquisita esencia;
este monte que forma una eminencia
me vio cuando al insecto perseguía.

Este mamey sus frutos ofrecía
a mi pueril y cándida impaciencia
y en campestre y feliz independencia
miré en sus troncos reflejarse el día.

En aquel techo de sonante guano
me inspiró Rosa mi primer cariño
medio rústico y medio cortesano.

¡Oh campos, al mirar tan verde aliño
el joven corazón me late ufano!
¡Hombre os bendice el que os amaba niño!

Pedro Santacilia
(1826-1910)

Pedro Santacilia was born in Santiago de Cuba, the son of an officer of the Spanish army and a Dominican woman. An active participant in the movement against Spanish rule in Cuba, Santacilia suffered imprisonment and exile. In his pilgrimage as an expatriate, he lived in the United States, Spain and Mexico. In Mexico, he was secretary to the Mexican President Benito Juárez and married his daughter. His poetry has been described as elegant and sober.

Pedro Santacilia nació en Santiago de Cuba, hijo de un oficial del ejército español y una dominicana. Por conspirar contra el dominio español en Cuba sufrió prisión y exilio. En su peregrinación de desterrado residió en Estados Unidos, España y México. En este último lugar, fue secretario del presidente mexicano Benito Juárez y se casó con su hija. Su poesía ha sido calificada de elegante y discreta.

WOMEN, FLOWERS AND STARS

To illuminate the immensity of heaven,
the Lord, in vivid glints,
bright and beautiful
created brilliant stars;
to carpet
the immensity of earth,
with magic colours,
and fragrant aromas,
He commanded flowers to sprout from the land;
to sweeten existence,
where pleasure happily superseded
cruel pain,
from His angels He shaped women;
and thus perfume, and light and love,
were born and everywhere in purity appeared,
as countless and fair,
women, flowers, stars.

MUJERES, FLORES Y ESTRELLAS

Para alumbrar la inmensidad del cielo,
hizo el Señor, de vívidos fulgores,
clarísimas y bellas
aparecer brillantes las estrellas;
para alfombrar la inmensidad del suelo,
de mágicos colores,
riquísimas de esencia,
mandó a la tierra que brotase flores;
para que fuese dulce la existencia,
y a los crueles dolores
sucediesen alegres los placeres,
de sus ángeles hizo las mujeres;
así juntos nacieron
los perfumes, la luz y los amores,
y puras por doquier aparecieron,
innúmeras y bellas,
las mujeres, las flores, las estrellas.

GOOD-BYE!

    This fierce destiny commands that I go,
You now have to part! — with angry cry
My eyes filled with tears, so sad,
To say to my homeland good-bye!

    No more, lovely Cuba, your mountains I'll see,
Nor your limpid waters, nor your sun-glowing sky;
For soon I'll be wandering by unknown lands
Nobody will hear my mournful good-bye!

...

    No more will I see the tempting smile
Of the beautiful angel, keeper of my love nigh
And lonely and aching my fortune deplores
The sorrowful voices that hold this good-bye!

...

    This fierce destiny commands that I go,
Farewell my people! — with angry cry
My eyes filled with tears, so sad,
To say to my homeland good-bye!

...

¡ADIÓS!

¡Partir es preciso! — Con voz iracunda
Que parta me ordena destino feroz,
El llanto por eso mis ojos inunda
Que es triste a la patria mandar un ¡adiós!

No más, Cuba hermosa, veré tus montañas,
Tus límpidas aguas, tu fúlgido sol;
Que pronto vagando por tierras extrañas
Ni habrá quien escuche mi lúgubre ¡adiós!

[...]

No más la sonrisa veré seductora
Del ángel hermoso que guarda mi amor,
Y sola y doliente mi suerte deplora
La voz escuchando que lleva este ¡adiós!

[...]

¡Adiós pueblo mío! — Con voz iracunda
Que parta me ordena destino feroz,
El llanto por eso mis ojos inunda
Que es triste a la patria mandar un ¡adiós!

[...]

José Fornaris
(1826-1890)

José Fornaris was born in Bayamo. He studied law at the University of Havana and had an active life in teaching and journalism. He was founder of the "siboneyism", a poetic trend that tried to revive supposed legends and romances of the native Indians of Cuba. His poetry, which is considered by some critics as facile, constituted a school for popular decimists and composers.

José Fornaris nació en Bayamo. Estudió leyes en la Universidad de la Habana y tuvo una activa vida en la enseñanza y el periodismo. Fue fundador del siboneyismo, tendencia poética que procuraba revivir supuestas leyendas y romances de los indios naturales de Cuba. Su poesía, a la que se acusa de facilismo, constituyó escuela para decimistas y repentistas populares.

DOREYA'S DEATH

   My life's long love
No more to answer my request;
Sleeps in her bed and
Will not wake up from her rest.
She cannot see the dew that glistens
Quivering softly on the reeds,
To the river she no longer listens
As it rolls gently on the screed.

   The dry pool once crystalline
Will not reflect or show
The lovely face both chaste and fine
Of the one who loved me so.
May the singing of the birds
Turn into a moaning woe
Since Doreya is leaving me
The girl that I loved so!

   This palm tree under whose shade
We both sheltered from sun's ray,
Will no more protect my love
From the radiant light of day.
May it noisily fall down
Under wind's malevolent roar;
Since my beloved has died
Let its shadows shed no more.

   Without Doreya in this land
All fades away and dies:
Anguish subsumes my soul
And gloom in my hut abides.
I'll dig a grave for her body,
By the crystalline spring alee,
Close to the verdant slope
Of my hamlet Siboney.

LA MUERTE DE DOREYA

Ya no responde a mis quejas
La que era amor de mi vida;
Ya está en su lecho dormida
Y nunca despertará
Ya no mira sobre el junco
Temblar el fresco rocío,
Ni oye que sonoro el río
Rodando entre peñas va.

Séquese la limpia poza
Pues ya no he de ver en ella
La faz pudorosa y bella
De la que tanto me amó.
Tórnese en ¡ay! dolorido
Cuanto trino el ave entona,
Pues Doreya me abandona,
¡A quien tanto amaba yo!

Esta palma que su sombra
Nos dio contra el sol ardiente,
Que a proteger mi inocente
Cariño no vuelve más.
Derrúmbese con estruendo
Al soplo del viento impío;
Pues ha muerto el amor mío
No me dé sombra jamás.

Sin Doreya en este campo
Todo muere o se deshoja:
En el alma la congoja
La tristeza en mi caney.
Tumba abriré a sus despojos
Junto a fuente cristalina,
Al pie de verde colina
De mi pueblo siboney.

THE CANOE

    Without your love,
I abhor these mountains,
The bright horizons, the gorgeous
Birds that sing all day;
I hate the murmur
Of the river crystalline…
Come Naya in my canoe!
Come and sail with me.

    All day at the beach
My canoe remains
Lonely and empty as I,
As if it were feeling my pain.
Come, my love, child's soul,
Answer to my plea…
Come, Naya, in my canoe;
Come and sail with me.

    Chaste virgin, if it is I you love,
If you treasure my dreams,
If at my sad weeping
You share my sorrow,
Now that the thunder is silent
Now that all's becalmed so quietly,
Come, Naya, in my canoe,
Come and sail with me.

    But if you don't hear this lamentation
Hear my torment and my pain,
Let the waves swallow me
The waves that begin to roar and rail!
Good-bye rocks! Good-bye beach!
Good-bye forest! Good-bye Naya!
Without your love and sweet caresses
I do not want to sail!

LA CANOA

Sin tu amor odio estos montes,
Estos claros horizontes,
Estos pájaros vistosos
Que no cesan de cantar;
Odio el dulce murmurío
Del hermoso y claro río...
Entra oh ¡Naya! en mi canoa,
Ven conmigo a navegar.

En la playa todo el día
Como yo sola y vacía,
Mi barquilla permanece
Cual sintiendo mi pesar.
Ven, mi amor, alma de niño,
Corresponde a mi cariño...
Entra, Naya, en mi canoa;
Ven conmigo a navegar.

Casta virgen, si me adoras,
Si mis sueños atesoras,
Si al mirar mi triste llanto
Te conduele mi pesar,
Hoy que calla el ronco trueno,
Hoy que todo está sereno,
Entra, Naya, en mi canoa,
Ven conmigo a navegar.

Mas si no oyes el lamento
De mi bárbaro tormento,
¡Que me traguen estas olas
Que comienzan a bramar!
¡Adiós rocas! ¡Adiós playa!
¡Adiós selvas! ¡Adiós Naya!
Sin tu amor, sin tus caricias
¡Yo no quiero navegar!

Juan Cristóbal Nápoles Fajardo
(El Cucalambé) (1829-?)

Juan Cristóbal Nápoles Fajardo was born in Victoria de Las Tunas. He was educated by his grandfather, a priest and his brother taught him some rhetoric and versification. A natural poet, he devoted himself to composition creating singular pieces about the Cuban countryside and their inhabitants. Many of his poems were dedicated to his wife, Rufina. He was involved in the separatist movement and mysteriously disappeared. His people's poetry deals with nature and life in the countryside and is frequent in peasant music and festivities.

Juan Cristóbal Nápoles Fajardo es natural de Victoria de La Tunas. Recibió alguna educación de su abuelo, sacerdote y de su hermano aprendió retórica y versificación. De natural vocación poética, se dedicó a la composición logrando piezas singulares sobre la campiña cubana y sus habitantes. Muchos de sus poemas estuvieron dedicados a su esposa, Rufina. Estuvo involucrado en movimientos separatistas y misteriosamente desapareció sin que nunca se tuvieran noticias de su paradero. Su poesía populista se ocupa de la naturaleza y la vida en los campos y es frecuente en la música y las fiestas campesinas.

THE YIELDING LOVER

   By the blooming riverside
Of the Yara washing near,
So pleasant, fresh and clear
Slowly the sweet flow glides,
Where the glowing sun resides
In our region of the heat,
A sky beautifully crowned complete
With forest, and meadow, and mountainside,
As a handsome peasant rides
On his gracefully trotting mare.

...

   He loved beautiful Eliana
With fervor and with zeal,
Young inflorescence in her real
Most precious of Vicana
The lovely Cuban girl
With magic so divine,
She loved him firm and fine
With that sweet love pure as pearl
That in the bosom I did find
Oh my guileless, sweet Rufina.

   The peasant's love for her well-meant
With nary a bad desire,
But he was poor and could never acquire
Her hand by altar's sacred assent.
For this reason and with pain
And to resignedly bear
He was parting from love again
With feelings of grief and care,
At the timely wind's refrain
In this way, he sang in sorrow:

"Today my destiny takes me
Away from your side, my dear
And the saddest of all grief here
Distresses and my life frets.
As this day ends and upsets
This severe impious affair,
To you I devote, charming maiden most fare,
The sweetness your face reflects,
As the echo of my song
Slowly fades upon the waves.

"I was dazzled by the bright
Vivid flashes your eyes show,
Because they are black with light
Like the feathers of a crow;
A slave of your wild caprice
I adored you with passion's fire,
And when I offered love
With inextinguishable desire,
You responded to my voice
Like the mimosa's sad reply.

...

I love you like morning dew
Loves the lily May adores,
I love you like the fish love
The waves of the river shores;
I, who was born, my beloved,
Under cedars and jocumas,
And that under the yagrumas
I adored your lovely eyes,
I love you like fireflies
Love the shadows of the forests.

"Poor, very poor I was born,
I am forced by this disgrace,
Because of enemy fortune
To leave you and to leave this place;
But to be poor as I am to tell
Is not a reason for torment,
Because I know very well,
Although of uncertain luck,
That to be poor is to be a disgrace,
But in no way does it give offense.

. . .

"Good-bye! May you by heaven be blessed
With a future that might please
That the sacred flame of love
Will not expire in your breast.
Good-bye! My heart is moved
Filled bitter with defeat,
Now I cannot hear the music
Of those, your lips both red and sweet,
I'm leaving, though I remain
A slave to the light of your eyes.

. . .

EL AMANTE RENDIDO

   Por la orilla floreciente
Que baña el río de Yara,
Donde dulce, fresca y clara
Se desliza la corriente,
Donde brilla el sol ardiente
De nuestra abrasada zona,
Y un cielo hermoso corona
La selva, el monte y el prado,
Iba un guajiro montado
Sobre su yegua trotona.

[...]

   Amaba a la bella Eliana
Con entusiasmo y ardor,
Y era esta joven la flor
Más preciosa de Vicana.
También la linda cubana
Con esa magia divina,
Lo amaba constante y fina
Con ese amor dulce y bueno
Que yo descubrí en el seno
De mi cándida Rufina.

   La supo el guajiro amar
De mala idea desnudo,
Pero era pobre y no pudo
Llevarla al pie del altar.
Por eso con gran pesar
Se alejaba de su lado,
Y al soportar resignado
Su profundo sentimiento,
Al compás del blando viento
Así cantaba angustiado:

"Hoy que la suerte me arroja
Del partido en que naciste
Y el desconsuelo más triste
Me apesadumbra y me enoja.
Hoy que fatal me acongoja
El rigor del hado impío,
Te consagro, dueño mío,
Mis más dulces pensamientos,
Y se pierden mis acentos
Entre las ondas del río.

"Me abrasaron de tus ojos
Los vivísimos destellos,
Porque son negros y bellos
Lo mismo que dos corojos;
Esclavo de tus antojos
Te adoré con frenesí,
Y cuando amarte ofrecí
Con ardor inextinguible,
Fuiste a mi voz más sensible
Que el triste moriviví.

[...]

"Te quiero como al rocío
El lirio que el mayo adora,
Y te adoro como adora
El pez las ondas del río;
Yo que he nacido, bien mío,
Entre cedros y jocumas,
Que bajo de las yagrumas
Adoré los ojos tuyos,
Te quiero cual los cocuyos
Quieren del monte las brumas.

"Pobre, muy pobre nací,
Merced a suerte enemiga,
Y esta desgracia me obliga,
A separarme de ti;
Mas el ser yo pobre así
No es cosa que me atormenta,
Porque tengo muy en cuenta,
Aunque mi suerte es reacia,
Que ser pobre es gran desgracia,
Pero no ninguna afrenta.

[…]

"¡Adiós! El cielo permita
Que un buen porvenir te halague
Y en tu pecho no se apague
La llama de amor bendita.
¡Adiós! Mi pecho palpita
Lleno de acerbos enojos,
De tus dulces labios rojos
El acento oír no puedo,
Me voy…pero esclavo quedo
En la lumbre de tus ojos."

[…]

THE RIVERINE OF THE HORMIGO

Young and charming Indian girl
Of these riverbanks
Who lives in the shadow
Of palms,
You are blissful,
Tender, humble and sensitive
Like the mourning dove.

Looking for nests
Of mockingbirds
You enjoy the murmur
Of our forests;
And raise your voice,
To the rhythm of water,
And the whisper of wind.

Lovely and pure you laugh,
Dress yourself
With flowers that bud
In these savannas
At your temples
You wear
Hyacinth and lily.

Free from painful
Vicissitudes
You live, dream, enjoy
With your virtues
And in your memory
You keep the sad history
Of your country.

You sigh sweetly
In the twinkling nights:
Discovering the path
Of stars:
And beyond the horizon
You see the shining beacon
Of hope.

...

LA RIVEREÑA DEL HORMIGO

Joven y bella indiana
De estas riberas
Que vives a la sombra
De las palmeras,
Tú eres dichosa,
Tierna, humilde y sensible
Cual la tojosa.

Persiguiendo los nidos
De los sinsontes
Te divierte el murmullo
De nuestros montes;
Y alzas tu acento,
Al rumor de las aguas,
Y al son del viento.

Ríes hermosa y pura,
Y te engalanas
Con las flores que brotan
Estas sabanas
Y siempre tienes
Cardosantos y lirios
Para tus sienes.

Sin sufrir dolorosas
Vicisitudes,
Vives, sueñas y gozas
Con tus virtudes
Y en tu memoria
Conservas de tu patria
La triste historia.

Suspiras dulcemente
Las noches bellas:
Sorprendiendo la ruta
De las estrellas:
Y en lontananza
Ves relucir el faro
De la esperanza.

[...]

SPRINGTIME

    Spring is here
In our beautiful countryside
Over which the glowing sun
Strongly reverberates.
In the forest and on the prairies,
Nightingales are singing,
The trilling fieldfares
Happily start their flight,
The earth is adorned
With weeds and wildflowers.

    Banana plantations rustle
To the wind's slow rhythms,
The sea in gentle waves
Murmurs softly in the distance.
The royal palms raise high
Their emerald splendor,
And from the sloping hillside
Increasing the grandeur of the landscape
The fresh stream slides and ripples.
The morning sun heats the stones.

    Clouds of various colours
Wander at the wind's will
In the afternoon sky,
Forming and transforming the landscape.
Bellow, the humble peasants
Sow and fertilize the land
Earnestly gather their harvests,
Enjoy their pleasant quietude,
And under palm shadows
Happily sing their melodies.

    The beautiful peasant girls
Simple and prideful,
Run through the savannas
Pursuing butterflies.
They collect bouquets
Of the most beautiful flowers
And while they take delight in them
They fashion precious garlands,
As upon their corn-coloured backs
They blazon supple black locks

...

LA PRIMAVERA

Ya vino la primavera
Sobre nuestros campos bellos
Y el sol fulgurante en ellos
Fuertemente reverbera.
En la selva y la pradera,
Cantan ya los ruiseñores,
Los zorzales trinadores
Alzan alegres el vuelo,
Y ya se entapiza el suelo
De hierbas, plantas y flores.

Susurran los platanales
Al pausado son del viento,
Y con blando movimiento
Se oyen murmurar los mares.
Ostentan ya los palmares
Verde pompa de esmeralda,
Y del cerro allá en la falda,
Para mayor hermosura,
El limpio arroyo murmura
Y el sol las peñas escalda.

Nubes de varios colores
De tarde en el firmamento,
Vagan a merced del viento
Formando dulces rumores.
Los humildes labradores
Siembran las tierras que abonan
Sus cosechas amontonan,
Gozan de dúlcidas calmas,
Y a las sombras de las palmas
Alegres trovas se entonan.

Las guajiritas hermosas
Tan sencillas como ufanas,
Corren por esas sabanas
Detrás de las mariposas.
De las flores más hermosas
Contemplan los ramos bellos,
Y mientras juegan con ellos
Y hacen preciosas guirnaldas,
En sus trigueñas espaldas
Lucen sus negros cabellos.

[…]

DAWN

To D. Eligio E Capiro.

The somber night departs
To the tune of mild breezes,
And the birds announce
The return of day:
All is poetry, all is light,
All is beauty and charm,
The fieldfare in the bushes
Extends its brown wings,
And fertile nature displays
Its rich ornaments in full.

The green palm field murmurs,
And the light of dawn
By the seashore
Gilds steep rock.
The faint glitter
Of the morning star emerges,
The dense mist disappears,
The cedar creaks in the forests,
And the rising sun illumines
The beautiful horizons.

...

I behold blue sky,
I admire green forest,
The singing mockingbird
The rumor of the rivulet:
With ardent yearning
I look to the sun,
And in my rustic lyric
I say to the tune of my lyre:
Blissful is he who in Cuba beholds
The returning of dawn!

...

LA ALBORADA

A D. Eligio F. Capiro

Huye la noche sombría
Al son de céfiros suaves,
Y nos anuncian las aves
La vuelta del nuevo día:
Todo es luz y poesía,
Todo es encanto y belleza,
El zorzal en la maleza
Extiende sus pardas alas,
Y ostenta sus ricas galas
La feraz naturaleza.

Susurra el verde palmar,
Y a la luz de la alborada
Dora la roca empinada
De las orillas del mar:
Se admira el tenue brillar
De la estrella matutina,
Muere la densa neblina,
Cruje el cedro allá en los montes,
Y a los bellos horizontes
El sol naciente ilumina.

[...]

Contemplo el azul del cielo,
Admiro el verdor del monte,
Oigo el trino del sinsonte
Y al rumor del arroyuelo:
Con el más ardiente anhelo
Vuelvo al sol una mirada,
Y en mi rústica trovada
Digo al compás de mi lira:
¡Dichoso el que en Cuba admira
La vuelta de la alborada!

[...]

José Agustín Quintero
(1829-1885)

José Agustín Quintero was born in Havana. The son of a Cuban father and an English mother, he received a thorough education. He studied in Harvard and was a friend to Longfellow and Emerson. He mastered English and German. Both cultures became influential in his poetry. He actively conspired for the independence of Cuba and fought in the American Civil War.

José Agustín Quintero nació en la Habana. Hijo de padre cubano y madre inglesa, recibió una educación cuidadosa. Estudió en la universidad de Harvard y fue amigo de Longfellow y Emerson. Dominaba el inglés y el alemán perfectamente y las culturas germánicas y anglosajonas influyeron en su poesía. Conspiró activamente por la independencia de Cuba y peleó en la Guerra Civil de Estados Unidos.

POETRY

"What are you making, blacksmith?" "A chain!"
"A chain that perhaps a brother will bear!"
"Where do you go, fisherman?" "To the serene sea's main
I'll see my net filled with fish so fair…"
"Go, bring them to where the tyrant's banquet is lain."

"What do you plough, farmer?" "The hard ground
Where coffee and cane will flourish."
"Vane industry, your effort unsound!
For you is fatigue and bitter and sourish!
Gold and harvest are for Spain bound!"

"What does your heavy ax cut, lumberman?"
"Vigorous and splendorous trees!"
"With each blow of your audacious hand
There is a scaffold more and one tree less!"

"Tell me, woman, in that cradle, what do you rock?
"A child! He whom I always behold.
"Oh unfortunate mother, despite your luck
Sleepless the sun and the moon find you
And in the end you will give another slave to the despot."

POESÍA

—¿Qué trabajas, herrero?—¡Una cadena!
—¡Cadena que tal vez lleve un hermano!
—¿Dónde vas, pescador?—La mar serena
Mi red de hermosos peces verá llena...
—Ve, tráelos al banquete del tirano.

—¿Qué aras, labrador?—La tierra dura
Donde florecen el café y la caña.
—Vana tu industria, tu afanar locura!
Para ti es la fatiga y la amargura,
¡El oro y las cosechas son de España!

—¿Qué corta, leñador, tu hacha pesada?
¡Árboles de vigor y pompa llenos!
¡A cada golpe de tu mano osada
Hay un cadalso más y un árbol menos!

—Di, ¿Qué meces, mujer, en esa cuna?
¡Un niño! En él mis ojos siempre clavo.
—Pese, oh madre infeliz, a tu fortuna
Desvelada te encuentran sol y luna
Y al fin le das al déspota otro esclavo.

THE EXILE BANQUET

Bitter and severe destiny,
casts us to an alien land;
behold how somber the sky;
not a ray of hope at hand!
Raise high the sparkling cup
Let us laugh at adversity,
a toast for those who have died!
Hurray to liberty!

After a sleepless night
soon the sparkling wine
will set ablaze
this sunken cheek of mine.
Raise the diaphanous cup
Down with spleen felt bitterly!
A toast for those who have died!
Hurray to liberty!

Not even a single sigh
not even a single tear
for the heroes who found
a shroud in their flag kept near.
But fill your cups again!
Oh, so many sad memories!
A toast for those who have died!
Hurray to liberty!

...

A heavy iron hand
bears on our hearts a while,
but in joy we come
to the banquet of the exile.
Raise your cup! Our orchestra
is a stormy dissiliency ...
A toast for those who have died!
Hurray to liberty!

...

EL BANQUETE DEL DESTIERRO

Destino amargo y severo,
a la tierra extraña nos lanza;
ved el cielo que sombrío;
¡no hay ni un rayo de esperanza!
¡Mas riamos de las penas,
la espumante copa alzad,
un brindis por los que han muerto!
¡Hurra por la libertad!

Tras noche de insomnio fiero
está la mejilla hundida,
mas pronto el bullente vino
ha de dejarla encendida.
¡Atrás el esplín amargo!
¡Diáfana la copa alzad!
¡Un brindis por los que han muerto!
¡Hurra por la libertad!

Que no haya ni un suspiro
ni una lágrima siquiera
por los héroes que encontraron
un sudario en su bandera.
¡Oh, cuántas memorias tristes!
¡Mas vuestras copas llenad!
¡Un brindis por los que han muerto!
¡Hurra por la libertad!

[...]

Nuestro corazón oprime
pesada mano de hierro,
más con júbilo venimos
al banquete del destierro.
¡La copa alzad! Nuestra orquesta
es la horrenda tempestad...
¡Un brindis por los que han muerto!
¡Hurra por la libertad!

[...]

From José Martí's Poetic Heritage / Del patrimonio poético de Martí

WAR HORSE

I

War horse! War horse!
Shining mantelet! Fine cane! Swollen
The new lips, as at a scent of glory stolen!
The troops sing and clean their guns en mass
Just to see the great horse pass! —
All around me flashes:
  I come from my impure love!

II

Shrunken mule!
That in the little jar of poorly roasted mud
Carries on his back his very own sterile blood! —
The guns drop from the hands of the troops in shame
Just to see him pass! He grunts, limping lame:
All around, where he goes, is broken and I whistle!
  I return to my impure love!

CABALLO DE BATALLA

I

¡Caballo de batalla!
¡Arnés brillante! ¡Caña fina! ¡Hinchados
Los belfos nuevos, como a olor de gloria!
¡Canta la tropa y los fusiles limpia
Solo de ver pasar al buen caballo! —
Todo alrededor de mí relampaguea:
   ¡Vengo de mi amor impuro!

II

¡Acémila encogida!
¡Que en botijín de cieno mal tostado
Su propia sangre estéril lleva al lomo! —
¡Rueda el fusil de mano de la tropa
Sólo al verlo pasar! gruñe, cojea:
Todo, por donde cruza, es rota y silbo!
¡Vuelvo a mi amor impuro!

Juan Clemente Zenea
(1832-1871)

Juan Clemente Zenea was born in Bayamo, on the east of the island. An active participant in the separatist movements of his time, he led a hazardous life of imprisonment and execution by the Spanish authorities. Considered one of the greats of Cuban poetry, according to Lezama Lima, "Zenea is the first Cuban poet with a poetic culture, that is, departing from poetry, from the subtle progressions of metaphor, of the relations between the thing and the image."

Juan Clemente Zenea nació en Bayamo, al este de la isla. Fue un participante activo de los movimientos separatistas de su tiempo lo que lo condujo a una vida azarosa que concluyó con prisión y fusilamiento a manos de las autoridades españolas. Se le considera entre los grandes de la poesía cubana. "Zenea es el primer poeta cubano que tiene cultura poética, es decir, cultura partiendo de la poesía, de las sutiles progresiones de la metáfora, de las relaciones entre el cuerpo y la imagen." (J. Lezama Lima, 1965)

FIDELIA

Well I remember! T'is ten years!
In a serene afternoon!
I was young and passionate,
pure, virginal, gorgeous was she!
We were both in the forest
sitting upon a boulder,
by the riverbank, watching
the swaying waterside weeds.

I am not who I once was,
a youthful heart in spring,
a flame rising to the skies,
a sinless and painless soul!
Neither are you the same now,
you are not what you once were,
our destinies have changed:
I am sad and you are dead!

I spoke to her in secrecy
she sweetly reclined her head,
softly she wept, like a child,
and for the first time I loved.
We swore a committed faith,
sweet joy and perpetual peace,
with only one love, one belief
to take to the next world.

Then we only had for witnesses
of that transcendent encounter,
waters that go on their way,
plants that wither!
Fleeting clouds that pass by,
birds that fly swiftly away,
the music of the leaves of the tree,

and the fragrance of the forests!
Back then, we could not foresee
the unfolding of our fate,
and on the sweet wings of hope
we made our finest promises;
we did not see that around us
in the grass, yellowish flowers
inexorably bent sickly
over their fragile stalks
and in our crazy raving
we did not even presume
in the end I would be sad!
In the end you would be dead!

Afterwards, in glad turmoil
there were dances, there were balls,
she displayed to the vain world
her beauty and her humility.
To obliterate all my memories
sweet flattery that seduces,
cheating, poisonous deceit
treaded swiftly on her steps;
but her watchful guardian angel
descended to regard her purity,
and protected with his wings
her immaculate illusions;
he preserved her vivid dreams,
and for a more truthful glory
in the vessel of her soul
was kept the scent of the forests;
was kept the peaceful remembrance
of that serene afternoon
myrrh of holy consolations,
aloe of spotless innocence!

I did not have guardian angels
and worst of all for my pains,
from the very early moment
my star was sadly eclipsed;
since on a stage, one night,
to the fine key of an orchestra,
I do not know for what reason
all my thoughts went into mourning;
I felt a mysterious pain,
when I looked at my beloved,
I foresaw what was coming:
I saw myself sad, I saw her dead!

My soul consumed by those vague fears
departed for distant shores,
where I dampened my memories
with bitter tears of my heart.
There I judged her love by mine,
my steadfast heart cooled,
and in the doubt of returning
I forgot her gorgeous image,
but coming back to my shores
what did God reserve for me?
An unforgiving remorse,
and the dead body of Fidelia!

Arthur descends by the West
sunk in his grand regal purple,
with the blow of gentle winds
the Aeolian harps are ringing;
a bird groans in a willow
lazily and sleepily drowsy,
one can breathe a pure ambience,
fields perfumed with fresh-born flowers;
and the afternoon bells
welcome the coming of darkness,

the vastness of nature lies,
in the arms of calmed repose…
And your loved eyes have closed!
Your eternal night has arrived!
At last I have come to join you,
and I find you under ground!

Well I remember! T'is ten years
since that day of holy promises,
I came to fulfill my vows,
and see you one last time!
I have heard of all that happened.
Of your love and of your anguishes,
and a voice is telling me
that your immortal soul keeps me.
However…the past was glory,
but the present is, Fidelia,
the present is martyrdom,
I am sad and you are dead!

FIDELIA

¡Bien me acuerdo! ¡Hace diez años!
¡Y era una tarde serena!
¡Yo era joven y entusiasta,
pura, hermosa y virgen ella!
Estábamos en un bosque
sentados sobre una piedra,
mirando a orillas de un río
cómo temblaban las yerbas.

¡Yo no soy el que era entonces,
corazón en primavera,
llama que sube a los cielos,
alma sin culpa ni penas!
Tú tampoco eres la misma,
no eres ya la que tú eras,
los destinos han cambiado:
¡yo estoy triste y tú estás muerta!

Le hablé al oído en secreto
y ella inclinó la cabeza,
rompió a llorar como un niño,
y yo amé por vez primera.
Nos juramos fe constante,
dulce gozo y paz eterna,
y llevar al otro mundo
un amor y una creencia.

Tomamos, ¡ay! por testigos
de esta entrevista suprema,
¡unas aguas que se agotan
y unas plantas que se secan!
¡Nubes que pasan fugaces,
auras que rápidas vuelan,
la música de las hojas,

y el perfume de las selvas!
No consultamos entonces
nuestra suerte venidera,
y en alas de la esperanza
lanzamos finas promesas;
no vimos que en torno nuestro
se doblegaban enfermas
sobre los débiles tallos
las flores amarillentas
y en aquel loco delirio
no presumimos siquiera
¡que yo al fin me hallara triste!
Que tú al fin te hallaras muerta!

Después en tropel alegre
vinieron bailes y fiestas,
y ella expuso a un mundo vano
su hermosura y su modestia.
La lisonja que seduce,
y el engaño que envenena,
para borrar mi memoria
quisieron besar sus huellas;
pero su arcángel custodio
bajó a cuidar su pureza,
y protegió con sus alas
las ilusiones primeras;
conservó sus ricos sueños,
y para gloria más cierta
en el vaso de su alma
guardó el olor de las selvas;
guardó el recuerdo apacible
de aquella tarde serena
¡mirra de santos consuelos,
aloe de la inocencia!

Y yo no tuve ángel de guarda
y para colmo de penas,
desde aquel mismo momento
está en eclipse mi estrella;
que en un estrado una noche
al grato son de la orquesta,
yo no sé por qué motivo
se enlutaron mis ideas;
sentí un dolor misterioso,
torné los ojos a ella,
presentí lo venidero:
¡me vi triste y la vi muerta!

Con estos temores vagos
partí a lejanas riberas,
y allá bañé mis memorias
con una lágrima acerba.
Juzgué su amor por el mío,
entibióse mi firmeza,
y en la duda del retorno
olvidé su imagen bella,
pero al volver a mis playas
¿qué cosa Dios me reserva?
¡Un duro remordimiento,
y el cadáver de Fidelia!

Baja Arturo al Occidente
bañado en púrpura regia,
y al soplar del manso Alisio
las eolias arpas suenan;
¡gime el ave sobre un sauce
perezosa y soñolienta,
se respira un fresco ambiente,
huele el campo a flores nuevas;
las campanas de la tarde
saludan a las tinieblas,

y en los brazos del reposo
se tiende naturaleza...
¡Y tus ojos se han cerrado!
¡Y llegó tu noche eterna!
¡Y he venido a acompañarte,
y ya estás bajo la tierra!

¡Bien me acuerdo! Hace diez años
de aquella santa promesa,
y hoy vengo a cumplir mis votos,
¡y a verte por vez postrera!
Ya he sabido lo pasado.
Supe tu amor y tus penas,
y hay una voz que me dice
que en tu alma inmortal me llevas.
Mas... lo pasado fue gloria,
pero el presente, Fidelia,
el presente es un martirio,
¡yo estoy triste y tú estás muerta!

THE SHADOWS

Listen. That soft pitch,
that solemn murmur
the song of the afternoon,
It is the voice of the sepulcher.

From the Moon's bosom,
wrapped in a mourning-cloak of sky,
the poets' angel
descends unto the world to cry.

The spirits of the lake
sail on the water lilies' white,
and open their rose wings
to the zephyrs of the night.

Harmonic forest harps,
the palms, in rustle sing,
under the bird's bland weight
the forest bush-bough's bending.

All along the riverbank
I wander pensive and morose,
within the forest foliage
I can discern white ghosts.

Ah! Who are those sorrowful people?...
My school partners they are by sight,
the sad shadows of my friends
that leave their graves at night!

LAS SOMBRAS

Oíd. Ese suave acento,
ese solemne murmullo
es el canto de la tarde,
es la voz de los sepulcros.

Desde el seno de la Luna,
envuelto en manto de luto,
el ángel de los poetas
a llorar desciende al mundo.

Los espíritus del lago
navegan en los nelumbios,
y abren sus alas de rosa
a los céfiros nocturnos.

Arpa sonora del monte,
la palma, entona un susurro,
y al blando peso del ave
su rama encorva el arbusto.

Por los márgenes del río
vago pensativo y mustio,
y entre el follaje del bosque
blancos fantasmas descubro.

¡Ah!, ¿quiénes son esos tristes?...
¡Mis compañeros de estudio,
las sombras de mis amigos
que salen de los sepulcros!

IN THE AFTERNOON

Lonesome and disheartened
abandoned and ill at ease,
only sad tears I have
to clear my soul of memories.

Through my dwelling's windowpane
I watch the afternoon pass into reverie,
and hear the sad swallow's song
only your memories comfort me.

I watch by the walnut trees,
at the summit of the hill,
the shepherd who slowly walks
smiling and inwardly still.

I hear the melodious song
of the ladies of the varsity,
and the piano's rhythmic tunes
spread by the wind alee;

meanwhile at a little distance,
at the old temple's door and nigh,
a serene, nonchalant passenger
quietly passes by.

Attentively I look around
all I study and observe,
nothing can I find that is
proper to conserve

Only your beautiful image
that mysteriously appeared,
and revives here in my heart
silent love that there once was endeared;

a love quietly sustained,
after a long long time it seems,
among most sorrowful pains
by the most delicious dreams.

POR LA TARDE

Solitario y abatido,
abandonado y enfermo,
tengo una lágrima triste
para bañar tu recuerdo.

Al través de los cristales
morir la tarde contemplo,
y al cantar la golondrina
pensando en ti me consuelo.

Miro al pie de los nogales,
encima del alto cerro,
el pastor que a breves pasos
va meditando y sonriendo.

Oigo el canto melodioso
de las damas del colegio,
y los acordes del piano
que se esparcen por el viento;

mientras un poco distante,
junto a la puerta del templo,
indiferente transita
el tranquilo pasajero.

Fijo en mi redor la vista,
todo lo estudio y observo,
pero nada en este instante
me presta entretenimiento.

Sólo tu imagen hermosa
se aparece con misterio,
y en mi corazón revive
un amor que está en silencio;

un amor al que sostienen,
después de muy largo tiempo,
entre las penas más tristes
los más deliciosos sueños.

IN AN ALBUM

You go towards that shore
from which I sadly come,
what you now search for
is, oh!, that I've departed from.

You go to watch the sky
that plates with gold the dawn,
I watch a gloomy sun
setting down the horizon.

You go to sow flowers
That in fertile rich ground stand;
I go to raise my tent
upon barren desert land.

You go to launch your boat
over ocean reams;
you are going to put your lips
to the lofty cup of dreams.

I wish the wind's wrath
to sleep within the sails,
that love break the waves
at the strike your oar assails!

That unlike me, you don't
have heavens to beseech;
that you find, oh!, syrup
where only poison's in my reach!

EN UN ÁLBUM

Tú vas hacia una orilla
de donde triste vengo,
lo que tú buscas ahora
es ¡ay!, lo que yo dejo.

Tú vas a ver un alba
que baña de oro el cielo,
y yo a ver un sol mustio
que ya se está poniendo.

Tú vas a sembrar flores
en fértiles terrenos;
yo voy a alzar mi tienda
en áridos desiertos.

Vas a lanzar tu barca
sobre un océano inmenso;
vas a aplicar al labio
la copa de los sueños.

¡Que duerma entre las velas
la cólera del viento,
que amor rompa las ondas
al golpe de sus remos!

¡Qué como yo, no tengas
que suplicar al cielo;
que encuentres, ¡ay!, almíbar
donde yo hallé veneno!

IN DAYS OF SLAVERY

Lord, Lord, even a bird astray
can in the woods sustenance find,
in any tree he builds his nest,
at any time he can fly in the wind!

Man, landlord coming to the earth
never knows at the break of his days
armed and ready for the contest,
on which desert his tent he will raise!

You let the white swan in the lagoon
enjoy the sweet kiss of wind's perfection,
pleasantly playing with the moonshine,
gently swimming in the afternoon reflection;

and I, my Lord, I am not allowed,
in the midst of the tumultuous sea,
to entertain any hopes, any illusions
in this life night time's gloomy!

When Madonna lily spreads its perfume
its delicate calyx is not offended,
but if I chance to uncover my distress,
my heart will surely be rended.

Who am I? A wandering poet
that comes, like a cursed criminal,
to sing for an hour in this world
in the presence of God infinite and eternal!

I come to play the harp for a brief instant,
and in my best luck I only expect as it stands,
to find my sepulcher like Dante
perhaps by the paths of alien lands.

The star of my century was eclipsed,
amid this pain and this adversity,
the white iris of faith has withered,
and there's no ladder leading to the sky.

Nations go to pray to the holy temple,
taking with them a miserable glow,
meanwhile Christ, there on his cross,
opens his arms and his forehead bows.

Voluptuous love in all its pleasures,
neither looks for myrtles nor hopes for laurel as reward;
and women cover with a veil
the sleeping angel of his guard.

My soul, oh, Lord! is all in pain
for some nameless hardships then,
and do not blame me, don't, if I demand
another homeland, another century and other men;

I can't find that age with which I dreamt;
neither can I find my promised land of paradise;
my times are those of old Rome,
my siblings with ancient Greece have died.

EN DÍAS DE ESCLAVITUD

¡Señor, Señor, el pájaro perdido
puede hallar en los bosques el sustento,
en cualquier árbol fabricar su nido,
y a cualquier hora atravesar el viento!

¡Y el hombre, el dueño que a la tierra envía
armado para entrar en la contienda,
no sabe al despertar todos los días
en qué desierto plantará su tienda!

Dejas que el blanco cisne en la laguna
los dulces besos del terral aguarde,
jugando con el brillo de la luna,
nadando entre el reflejo de la tarde;

¡y a mí, Señor, a mí no se me alcanza,
en medio de la mar embravecida,
jugar con la ilusión y la esperanza
en esta triste noche de la vida!

Esparce su perfume la azucena
sin lastimar su cáliz delicado,
y si yo llego a descubrir mi pena,
me queda el corazón despedazado.

¿Y quién soy yo? ¡Poeta vagabundo,
que vengo, como réprobo maldito,
a contar una hora en este mundo
en presencia de Dios y lo infinito!

Vengo a pulsar el arpa un breve instante,
y en mi suerte más bella solo espero,
encontrar mi sepulcro como el Dante
por las sendas tal vez del extranjero.

La estrella de mi siglo se ha eclipsado,
y en medio del dolor y el desconsuelo,
el lirio de la fe se ha marchitado,
y no hay escala que conduzca al cielo.

Van los pueblos a orar al templo santo,
y llevan una lámpara mezquina,
y el Cristo allí sobre la Cruz, en tanto,
abre los brazos y la frente inclina.

Voluptuoso el amor en sus placeres,
no busca mirtos ni laurel aguarda;
y cubren con un velo las mujeres
el ángel adormido de su guarda.

Tengo el alma, ¡Señor!, adolorida
por unas penas que no tienen nombres,
y no me culpes, no, porque te pida
otra patria, otro siglo y otros hombres;

que aquella edad con que soñé no asoma;
con mi país de promisión no acierto;
mis tiempos son los de la antigua Roma,
y mis hermanos con la Grecia han muerto.

Tristán de Jesús Medina
(1833-1886)

Tristán de Jesús Medina studied in United States, Germany and finally in Spain, where he spent most of his intellectual life. He was probably one of the best-educated Cubans of his time. Of his poetry, the sonnets are particularly outstanding for their force and expressiveness. He is considered a forerunner of the great Spanish sonnet writers of later years.

Tristán de Jesús Medina cursó estudios en Estados Unidos, Alemania y España, residiendo en este último país la mayor parte de su vida intelectual. Fue probablemente uno de los cubanos mejor educados de su tiempo. De su poesía destacan sus sonetos por su fuerza y expresividad considerándose un precursor de los grandes sonetistas españoles de años posteriores. (C. Vitier, 1963)

TO MY INTIMATE FRIEND JOAQUÍN GARCÍA DE LA HUERTA

Joaquin: knock down that fierce mustache
    With hatchet, hoe, pike or battering ram;
    Out with so big a dagger with which you attack
    This, your unhappy, truthful friend.

Give those brushes to a rude painter,
    Leave to a foreman such lengthy whips.
    Why don't you put that firewood in the stove?
    Why do you refuse those bars to the blacksmith?

To your mouth always, some piece
    Of food that enemy removes
    And gives a peck to the woman you kiss.
    Out with that firm forest! Out with it, I say,
    Those Andes…! If not, you rascal,
    I will never be your true friend.

A MI ÍNTIMO AMIGO
JOAQUÍN GARCÍA DE LA HUERTA

Joaquín: derrumba ese bigote fiero
   Con hachuela, azadón, picas o arietes;
   Fuera tanto puñal con que acometes
   A tu infeliz amigo verdadero.

Dale esas brochas a un pintor grosero,
   Déjale a un mayoral tan largos foetes.
   ¿Por qué esa leña en el fogón no metes?
   ¿Por qué esas barras niegas al herrero?

Sí; que a tu boca siempre algún pedazo
   Del alimento quita ese enemigo
   Y a quién tu boca besa, da un picazo.
   ¡Fuera ese monte firme! ¡Fuera, digo,
   Esos Andes…! Si no, so bribonazo,
   Jamás seré tu verdadero amigo.

ILLUMINATING NIGHT
To my friend D. E. de Olavarría

    As a boy, I judged day to be the clearest thing;
with rising sun as my delight,
I was quickly overpowered by sleep.
before the coming of twilight.

    Later I was surprised when for the first time
my soul could contemplate the night,
and the deep celestial sphere
insistently multiplying sun's starlight…!

    Since then what exalts me in all love,
is not clarity poured bright,
but the foreseen clarity of which it is bereft.

    Now I can only partly love you,
incomplete life without your highest light,
the glowing night of death.

NOCHE REVELADORA

A mi amigo D. E. de Olavarría

Juzgué de niño lo más claro el día;
un sol naciente mis encantos era,
pues antes que el crepúsculo viniera
rápido siempre el sueño me vencía.

¡Qué asombro luego cuando el alma mía
la noche contempló por vez primera,
y más profunda la celeste esfera
multiplicando soles a porfía…!

Desde entonces no es lo que me exalta,
en todo amor, la claridad que vierte,
y sí la presentida que le falta.

Y sólo a medias puedo ya quererte,
vida incompleta sin tu luz más alta,
la fulgurante noche de la muerte.

SLEEPING LAGOON

In the album of Miss Graciella W. G., Countess of Millmount

The lagoon dreamt that it had
a sky hidden in its breast;
and it even fancied, in deep joy
that it held nascent stars in a sweet nest.

Wounded in its crystal by a light pebble,
in tremulous agony it awoke,
begging with hugs for the lost good,
into progressive circles it endlessly broke.

From its garland, it removed its leaves,
against itself it wanted to revolve,
and only mud its furors found.

Turning to peaceful dream in which it must believe,
like to my bosom when in search for love,
to embrace Eden and again that Garden surround.

LAGUNA DORMIDA

En el álbum de Miss Graciella W. G., condesa de Millmount

Soñaba la laguna que escondido
un cielo en sus entrañas poseía;
y aún figuróse, loca de alegría
ser de estrellas nacientes dulce nido.

Por leve guija su cristal herido,
se despertó con trémula agonía,
y en círculos sin fin se deshacía,
por abrazos pidiendo el bien perdido.

De su guirnalda deshojó las flores,
contra sí propia revolverse quiso,
y sólo cieno hallaron sus furores.

Volverse al sueño en paz le fue preciso,
cual a mi pecho cuando busca amores,
para abrazar de nuevo el Paraíso.

Luisa Pérez de Zambrana
(1835-1922)

Luisa Pérez de Zambrana's poetic work is marked by a natural simplicity. As it was with other romantic writers of her time, she paid attention to nature, but the topics in which she develops her more heartfelt and more fully realized poems have to do with death. Pérez de Zambrana had the misfortune of losing her husband and her five children during her long life. The painfulness of these experiences led her to compose incomparable lines.

La obra poética de Luisa Pérez de Zambrana está marcada por una natural sencillez. Como otros escritores románticos de la época, presta atención a la naturaleza, pero el tema en el que desarrolla sus poemas más sentidos y logrados tienen que ver con la muerte. Pérez de Zambrana tuvo la desdicha de perder a su esposo y a sus cinco hijos durante su larga vida, dolorosa experiencia que llevó a versos inigualables.

THREE GRAVES

For me, there is no iridescence in the clouds
Nor do flowers unfasten their white breasts,
keeping vigil at three somber headstones
I am the lark heard weeping at night.

April lacks lilies of the hills
neither does May display its plain of roses,
bent over the border of three tombs
I am the lightning-wounded oak.

There are no golden stars, neither does the moon
pour her pearls upon the water,
oh! by three sepulchers, on my knees,
I am the mourning cross of death.

I kissed the lute and cast upon the waves,
the lute so tuned for me, and wave and altar and palm
they are the three tombs where you are sleeping
flowers of my vitals; flowers of my soul!

LAS TRES TUMBAS

No hay para mí, tornasoladas nubes
ni flor que el albo seno desabroche,
soy velando tres lápidas sombrías
la alondra que solloza por la noche.

No tiene abril colinas de azucenas
ni llanuras de rosas tiene mayo,
encorvada en el borde de tres tumbas
yo soy la encina herida por el rayo.

Ya no hay estrellas de oro, ni la luna
mallas de perlas sobre el agua vierte,
¡ay! entre tres sepulcros, de rodillas,
soy la cruz enlutada de la muerte.

Besé el laúd y lo arrojé en las ondas,
que templo para mí, y altar y palma
son las tres tumbas donde estáis dormidas
¡flores de mis entrañas y de mi alma!

Julia Pérez y Montes de Oca
(1839-1875)

Julia Pérez Monte de Oca's impossible love for a contemporary poet marks her life and dooms her to solitude. Her poems achieve a calm balance, a harmony always looked for and not always found by romantics.

El amor imposible de Julia Pérez Montes de Oca por un poeta contemporáneo marca su vida y la condena a la soledad. Sus poemas logran un equilibrio sosegado, una armonía' siempre buscados y no siempre encontrados por los románticos.

TO GOD

Of the volcano in ardent lavas,
Of the mountain in magnificent prominence,
Of the water in undulant transparency,
Of the fire in luminous serpents;

In the canopies of purple roses,
Of the fresh valley in pleasant essence,
Of the sky in majestic plains
Of the forest in lusty florescence,

In all that the waste land harms,
In all that to thin air is bidden,
In all that the sea buries in its depths.

In all that terrifies or charms,
Never, Lord, to man is hidden
The omnipotent tread of your steps.

A DIOS

Del volcán en las lavas ardorosas,
Del monte en la magnífica eminencia,
Del agua en la ondulante transparencia,
Del fuego en las serpientes luminosas;

En los doseles de purpúreas rosas,
Del fresco valle en la agradable esencia,
Del bosque en la lozana florescencia,
Del cielo en las llanuras majestuosas.

En cuanto brota de la tierra inculta,
En cuanto al aire tenue se levanta,
En cuanto el mar en su interior sepulta.

En todo lo que aterra o lo que encanta,
Nunca, Señor, al hombre se le oculta
La omnipotente huella de tu planta.

DESPAIR

My soul of a thousand tears
grows tired of sighing
and the source of my weeping
goes dry.

All memory's
but anger —
— in each human heart
only treachery.

Oh how I suffer
to live without hope.
Fair God of this sterile day
bring me sleep.

Elusive star
of sweet illusion
my mind in darkness
leave the sorrowful valley in shade.

Oh time, bitter time
how slowly you pass.
I'll no longer drink from a downcast cup.
Run quick, for it is the hour to die.

¡DESESPERACIÓN!

Tengo partida el alma en mil pedazos,
estoy cansada ya de suspirar,
y de mi llanto la abundosa fuente,
de tanto que ha llorado, seca está.

No puedo revolver en mi memoria
sino recuerdos que destilan hiel;
que yo, en el corazón de los humanos,
solamente perfidias encontré.

¡Oh!, ¡qué terrible padecer, Dios justo!
De mi estéril jornada acerca el fin;
porque, para vivir sin esperanza,
sueño de eterna paz quiero dormir.

El astro de mis dulces ilusiones
en ocaso profundo se ocultó,
y está mi mente envuelta en las tinieblas
que cubren este valle de dolor.

¡Oh, tiempo, tiempo amargo de la vida!,
¡qué lento te deslizas para mí!
No me des a beber más desengaños;
¡corre veloz, que es hora de morir!

Antonio Sellén
(1839-1889)

Antonio Sellén was born in Santiago de Cuba. He devoted himself to poetry and translations. His revolutionary activities forced him to emigrate during the Ten Years War. His poetry is of great delicacy.

Antonio Sellén nació en Santiago de Cuba. Se dedicó a la poesía y a la traducción. Sus actividades revolucionarias lo obligaron a emigrar durante la Guerra de los Diez Años. Su poesía es de cuidada delicadeza.

YOUR IMAGE

I would like to know where I might
Look where your love won't remain
Your image pursues day and night.
Leaves me not, even in hours of pain!

In the sweet moaning of the wind,
When gusty seas are heard to complain
My heart finds you, though I try
To banish your image in vain.

To stray in the forests I have wanted
To listen to the singing bird's strain,
And the bird's song has always been
A hope-filled hymn of love's refrain.

I have sat near quiet riverbanks
By the glassy water of streams
Where white irises and lilies
Spread their perfume of celestial dreams.

And in the sweet lament of the rill
The eternal song of love's reply
Then I left the earth for the heavens
Where your beauty I saw in the sky!

The sun its loving ray darts
In torrents of splendorous scope.
That smiling and murmuring love
Those stars become suns of my hope!

And there your celestial image
In the choir of angels I've seen show.
If your image is life of my life,
Where — oh virgin! — without love from you will I go?

TU IMAGEN

Yo quisiera saber dónde podría
Tender la vista sin hallar tu amor
Tu imagen me persigue noche y día.
¡Ni aún me deja en mis horas de dolor!

En el gemir dulcísimo del viento,
Al lamentarse el borrascoso mar
Te halla mi corazón, — y en vano intento
Tu imagen de mi pecho desterrar.

Extraviarme en los bosques he querido
Para escuchar al pájaro cantor,
Y la canción del ave siempre ha sido
Un himno de esperanzas y de amor.

Me he sentado a las márgenes serenas
Del arroyo de linfa de cristal
Donde los blancos lirios y azucenas
Esparcen su perfume celestial;

Y en el dulce gemir del arroyuelo
El canto eterno del amor oí —
Luego dejé la tierra por el cielo
¡Y hasta en el cielo tu belleza vi!

El sol sus rayos amorosos lanza
En torrente de mágico esplendor.
Las estrellas son soles de esperanza,
¡Que van risueñas murmurando amor!

Y allí tu imagen celestial, unida
Al coro de los ángeles miré.
Si tu imagen es vida de mi vida,
¿Adónde ¡oh virgen! sin tu amor iré?

From José Martí's Poetic Heritage / Del patrimonio poético de Martí

WORK AND LOVE

Labour — before, and love — inside: —
And love, avaricious vortex,
The entire soul drags to the deep core;
Work perishes — and jealous love,
After man errs for the guilt of love,
With guilt and without vigor he's drawn down.

OBRA Y AMOR

La obra — delante, y el amor — adentro: —
Y el amor, remolino avaricioso,
El alma entera arrastra al hondo centro;
La obra perece — y el amor celoso,
Luego que por su culpa el hombre yerra,
Con culpa y sin vigor lo deja en tierra.

Diego Vicente Tejera
(1849-1903)

Diego Vicente Tejera was born in Santiago de Cuba. He studied in the seminary of the city until he was sixteen, when his father sent him to study in the United States. He travelled extensively in Latin America and Europe studying and writing. An active participant in the insurrectionist movement for Cuban independence he served as the head of *La Verdad*, the journal of the Revolutionary Junta of New York. In 1900, he founded the Socialist Party in Havana. His poetry is tender and lofty.

Diego Vicente Tejera nació en Santiago de Cuba. Estudió en el seminario de esta ciudad hasta los 16 años, cuando su padre lo envió a estudiar en los Estados Unidos. Viajó extensamente por América Latina y Europa estudiando y escribiendo. Tuvo una activa participación en el movimiento insurgente por la independencia de Cuba desde la dirección del periódico *La Verdad* de la Junta Revolucionaria de Nueva York. En 1900 fundó el Partido Socialista en la Habana. Su poesía es tierna y noble.

TWO KISSES

At her door she gave me a kiss last night
The woman I adore, a kiss,
And in the street I could calm
A blind old man's hunger with this.

I arrived at my house weeping,
I went to sleep full of bliss
And I felt on my face
The sweetest of things in a kiss.

I thought that it was my lover
Who caressed me in my dreams,
I looked for her face in the shadow
And I saw… the blind man it seems!

DOS BESOS

En su puerta me dio anoche
La mujer que adoro un beso,
Y en la calle el hambre pude
Calmar de un anciano ciego.

Llegué a mi casa llorando,
Concilié dichoso el sueño
Y sentí sobre mi rostro
El más dulce de los besos.

Pensé que fuera mi amada
Quien me acariciaba en sueños,
Busqué su faz en la sombra
Y vi... ¡la imagen del ciego!

NO!

(A BALLAD)

How many horrors stain the splendor of modern Babylonias!

And the night was somber,
And the sad wind groaned,
When in the deserted street,
The girl's harp moaned,
From hunger and cold almost dead.

And a man came near,
And offered her pay,
Saying to her... I don't know what,
And the girl shouted: No — go away!
And the infamous man soon fled...

And the night was somber,
And the sad wind groaned,
When in the deserted street,
After awful agony alone
She remained, the girl who was dead.

¡NO!

(BALADA)

¡Cuántos horrores manchan el esplendor de las modernas babilonias!

Y era la noche sombría,
Y el viento triste gemía,
Cuando en la calle desierta,
La niña el arpa tañía,
De hambre y frío casi muerta.

Y un hombre se le acercó,
Y dinero le ofreció,
Diciéndole... no sé qué,
Y gritó la niña: ¡No!
Y el hombre infame se fue...

Y era la noche sombría,
Y el viento triste gemía,
Cuando en la calle desierta,
Tras espantosa agonía
Se quedó la niña muerta.

Enrique José Varona
(1849-1933)

Enrique José Varona was born in Camagüey. One of the most important intellectuals of his generation, he was fundamentally a self-educated scholar. He directed the important *Revista Cubana*. In 1895, he immigrated to the United States where he directed the *Patria* newspaper, when José Martí died. A distinguished educator, he modernized the existing teaching curricula. He was Vice-president of the Republic. His poetic style is insinuating and careful.

Enrique José Varona nació en Camagüey. Fue uno de los intelectuales más importantes de su generación. Su formación fue en lo fundamental autodidacta. Trabajó como director de la importante *Revista Cubana*. En 1895 emigró a Estados Unidos donde dirigió el periódico *Patria*, a la muerte de José Martí. Fue distinguido educador, modernizador de los planes de enseñanza entonces vigentes. Fue vicepresidente de la república. Su estilo poético es insinuante y cuidadoso.

OF WINE

   Of myrtle its fragrance,
Of gold its reflection
Of Hybla its honeycombs,
Of Citer its fire's perfection,

   The laughs of the Graces,
Of Celano the dances,
Of Apollo his songs,
Of Morpheus — quintessence advances,

   And all but in this pitcher!
Then, true buddies, I reckon
Let's look to the bottom
Don't stop for a second.

DEL VINO

Del mirto la fragancia,
Del oro los reflejos
Del Hibla los panales,
de Citeres el fuego,

Las risas de las Gracias,
Las danzas de Sileno,
De Apolo las canciones,
La quietud de Morfeo,

¡Y todo en este jarro!
Pues ¡ea! compañeros,
Hasta mirar el fondo
Un punto no cesemos.

ECHO

To Esteban Borrero Echeverría

    Lost among towering masses
A dark slope began to appear,
Which as if compelled by an invisible hand
With curious terror I drew near.

    Looking for its secret foundation,
Within shadow the sight goes here;
What is there further on? I screamed. A distant voice
Repeated "Further on!" like a jeer.

    Traveler on the peak of the world
Stand over death's abyss,
You clamor with panic, as in the deep
Echo responds, this Echo and nothing but this.

EL ECO

A Esteban Borrero Echeverría

Entre moles altísimas perdido
Tenebroso talud al paso hallé,
Cual por mano invisible compelido
Con curioso terror me aproximé.

Buscando su recóndito cimiento,
Por entre sombras la mirada va;
¿Qué hay más allá? grité. Lejano acento
Repitió como en burla: ¡Más allá!

Viajero que en la cúspide del mundo
Sobre el abismo de la muerte estás,
Tú clamas con pavor, y en lo profundo
Responde el eco, el eco nada más.

Mercedes Matamoros
(1851-1906)

Mercedes Matamoros was born in Cienfuegos. Educated by her father, who taught her English and French, she chose teaching as a profession. In her modest poetic production, her sonnets stand out. They are considered predecessors of the poetry written later by the great Hispanic American women poets.

Mercedes Matamoros fue natural de Cienfuegos. Educada por su padre quien le enseñó inglés y francés se dedicó al magisterio de profesión. En su modesta obra poética se destacan sus sonetos que se consideran antecesores de la poesía escrita luego por las grandes poetizas hispanoamericanas.

REPENTANCE

And you return, affectionate…? Welcome
with the sweet turquoise of your eye,
your golden curls and your red lips,
in my lap you'll find a nest where you might lie!

On it, softly fall into slumber
Forget my jealousy, my irritable flings,
They are of my love sad umber,
Let oblivion take them in its wings!

Contemplate the perfumed prairie blessed
In which I met you … We both took such delight
In the grapevine and the delicate fruit it makes:

Sleep under its shade; Let's we two rest
Without toil or pain…Today we loved each other quite!
May it please heavens that we never will awake!

ARREPENTIMIENTO

¿Y vuelves cariñoso...? ¡Bienvenido
con las dulces turquesas de tus ojos,
tus áureos bucles y tus labios rojos,
que en mi regazo encontrarán un nido!

¡Quédate blandamente en él dormido
sin recordar mis celos, mis enojos,
ellos son de mi amor tristes despojos,
llévelos en sus alas el olvido!

Contempla la pradera perfumada
en que te conocí... Los dos gustamos
de esta gran vid la fruta delicada:

duerme a su sombra; juntos reposemos
sin afán ni dolor... ¡Hoy nos amamos!
¡Quiera el cielo que nunca despertemos!

TORMENT

    I cannot live should I not consider you,
neither can I be happy without hearing you;
I do not have wings in flight to be nearing you!
neither more voices with which to come-hither you!

    I wish I were variable enough to regret you;
I wish I had the strength to beguile you;
elusiveness and disdain to revile you;
pride and dignity to forget you!

    But to harm you, I have not the power
I cannot dictate one sentence of mortal adieu
against my cruel torturing tyrant!

    I ponder my revenge hour by hour,
and in the intimacy of this heart that loves you,
for you, my most beloved, is only sweetness compliant!...

TORMENTO

Yo no puedo vivir sin contemplarte,
ni puedo ser dichosa sin oírte;
¡alas no tengo ya para seguirte!
¡voces no tengo ya con qué llamarte!

¡Quisiera ser voluble para odiarte;
quisiera tener fuerzas para huirte;
esquivez y desdenes para herirte;
orgullo y dignidad para olvidarte!

Mas no me atrevo ningún daño a hacerte,
¡yo no puedo dictar fallo de muerte
contra el tirano cruel que me tortura!

Medito mi venganza hora tras hora,
¡y en lo íntimo del pecho que te adora,
para ti, caro bien, sólo hay dulzura!...

José Julián Martí Pérez
(1853-1895)

José Martí, apostle of Cuba's independence, remains the premier thinker who most influenced the efforts for the foundation of an independent Cuba. Born in Havana, since very early in his life, he began to actively oppose Spanish colonial rule with the establishment of the small newspaper *La patria libre* (*The Free Homeland*). At sixteen, he was imprisoned, sentenced to hard labor and then banished to Spain where in *El presidio político en Cuba* (*The Political Penitentiary System in Cuba*) (1871) he exposed the horrors of colonial prisons and established the foundation of an ethics based on love and justice that was to guide him all his life.

During the following years, Martí lived in exile, mainly in New York. Possessing exceptional talent and eloquence, he developed an intense political activity calling up and uniting the Cuban patriots who had been dispersed after the defeat of the Ten Years War with a new generation of freedom fighters. Among his chief achievements are the foundation of the Cuban Revolutionary Party and its political organ, the newspaper *Patria* (*The Homeland*). This endeavor led to the resumption of the war of independence in 1895. On May 19 of that year, soon after hostilities had begun, José Martí was killed in action.

In a few years, in addition to his commitment to the cause of national independence, José Martí accumulated an impressive literary body of work that includes, poetry, essays, translations, novels and short stories and writing with overt social and political significance. Among his best-known publications, are his magazine *La edad de oro* (*The Golden Age*) devoted to children and his poetry book *El Ismaelillo*, which he wrote for his son, both works of infinite tenderness. José Martí's poetry is regarded as a precursor of modernism in Hispanic and Latin American literature.

José Martí es el apóstol de la independencia de Cuba y el pensador que más ha influido en el esfuerzo fundador de los cubanos. Nació en La Habana y desde muy joven comenzó sus actividades conspirativas contra el colonialismo español a través del pequeño periódico *La patria libre*. A los 16 años fue hecho prisionero, condenado a trabajos forzados y luego desterrado a España donde, en *El presidio político en Cuba* (1871), narra los horrores de las prisiones coloniales y establece los fundamentos de una ética basada en el amor y la justicia que lo guiarían toda su vida.

Durante los años siguientes, Martí vivió en el exilio, principalmente en Nueva York. Poseedor de un talento y una elocuencia excepcionales, desarrolló una intensa actividad política movilizando y uniendo a los patriotas dispersos' luego de la derrota en la Guerra de los Diez Años' y a la nueva generación de luchadores. Entre sus principales realizaciones está la fundación del Partido Revolucionario Cubano y su órgano político, el periódico *Patria*. Este esfuerzo condujo a la reanudación de la guerra de independencia en 1895. El 19 de mayo de ese año, poco después de comenzadas las hostilidades, Martí cae en combate.

En breves años, y a pesar de su consagración a la causa de la independencia nacional, José Martí acumuló una obra literaria impresionante que incluye, además de sus trabajos sobre temas sociales y políticos, poesía, ensayo, novela y cuento. Entre lo más conocido de su producción están su revista *La edad de oro*, dedicada a los niños y su poemario *El Ismaelillo*, que escribiera para su hijo, ambas, obras de infinita ternura. La poesía de José Martí se considera precursora del modernismo en la literatura hispanoamericana.

LIKE A BIRD THAT CROSSES THE CLEAR AIR

Like a bird that crosses clear air
I feel your thoughts arrive
To nest here in my heart.
The flowering soul blooms: its boughs tremble.
Like the fresh lips of youth
In beauty's first embrace
Leaves whisper, they appear
Loquacious. Like the envious servants,
Of a rich domain busily preparing
The marriage bed for the maiden of the house:
Broad is my heart and it is entirely yours:
All that is sad fits within, and all
That weeps in the world, all that suffers, and dies!
From the chambers I clean dry leaves, dust,
Shattered branches: I carefully burnish
Each leaf and stalk: I cull
Worms from each bitten petal
of each ragged flower: I sweep the lawn
And prime the alienated heart,
oh spotless bird, to welcome you!

COMO UN AVE QUE CRUZA EL AIRE CLARO

Como un ave que cruza el aire claro
Siento hacia mí venir tu pensamiento
Y acá en mi corazón hacer su nido.
Ábrese el alma en flor: tiemblan sus ramas
Como los labios frescos de un mancebo
En su primer abrazo a una hermosura:
Cuchichean las hojas: tal parecen
Lenguaraces obreras y envidiosas,
A la doncella de la casa rica
En preparar el tálamo ocupadas:
Ancho es mi corazón, y es todo tuyo:
Todo lo triste cabe en él, y todo
Cuanto en el mundo llora, y sufre, y muere!
De hojas secas, y polvo, y derruidas
Ramas lo limpio: bruño con cuidado
Cada hoja, y los tallos: de las flores
Los gusanos del pétalo comido
Separo: oreo el césped en contorno
Y a recibirte, oh pájaro sin mancha
Apresto el corazón enajenado!

VERSOS SENCILLOS/SIMPLE VERSES

I

I am a sincere man
From where the palm grows,
And before dying I want
To say the rhymes that my soul knows.

I come from everywhere.
And to everywhere I go:
I am art among the arts,
I am the lowly among the low.

Of the grasses and the flowers,
I can name the strangest names
I know of deadly deceits,
I know of sublime pains.

I have felt the rain
Upon my head in dark of night
I have seen divine beauty
In the gleaming of pure light.

I've witnessed wings upon the shoulders
Of beautiful women in delight:
And I've seen butterflies
Rising as from rubble in their flight.

...

Fast as in pure reflection,
Twice, twice I've seen the soul's eternity:
When the poor old man expired, and
When she said farewell to me.

...

If you ask me from the jeweler
To take the better of his gems,
I will turn away from love
And take the sincerest of all friends.

I have seen the wounded eagle
Taking flight in blue of day,
And the venomous snake dying
In its secret hideaway.

I know well that when the world
Weakens into dreams,
Then profoundest silence
Murmurs in the gentlest of streams.

I have placed a daring hand,
In joy and in horror,
Upon the dying star
That has fallen at my door.

...

All is lovely, all is constant,
All is music of the mind,
And all, like the lightless diamond,
Is but coal at first within the mine.

...

I

Yo soy un hombre sincero
De donde crece la palma,
Y antes de morirme quiero
Echar mis versos del alma

Yo vengo de todas partes.
Y hacia todas partes voy:
Arte soy entre las artes,
En los montes, monte soy.

Yo sé los nombres extraños
De las yerbas y las flores,
Y de mortales engaños,
Y de sublimes dolores.

Yo he visto en la noche oscura
Llover sobre mi cabeza
Los rayos de lumbre pura
De la divina belleza.

Alas nacer vi en los hombros
De las mujeres hermosas:
Y salir de los escombros,
Volando, las mariposas.

[…]

Rápido como un reflejo,
Dos veces vi el alma, dos:
Cuando murió el pobre viejo,
Cuando ella me dijo adiós.

[…]

Si dicen que del joyero
Tome la joya mejor,
Tomo a un amigo sincero
Y pongo a un lado el amor.

Yo he visto el águila herida
Volar al azul sereno,
Y morir en su guarida
La víbora del veneno.

Yo sé bien que cuando el mundo
Cede, lívido, al descanso,
Sobre el silencio profundo
Murmura el arroyo manso.

Yo he puesto la mano osada,
De horror y júbilo yerta,
Sobre la estrella apagada
Que cayó frente a mi puerta.

[...]

Todo es hermoso y constante,
Todo es música y razón,
Y todo, como el diamante,
Antes que luz es carbón.

[...]

III

...

I would like to cast my lot
With all the poor of the world:
The mountain brook please me more
Than the waves of the sea unfurled.

Give to vanity all gold
That burns and shines in its forge:
Give to me eternal green
When the Sun breaks forth in the forest.

...

III

[...]

Con los pobres de la tierra
Quiero yo mi suerte echar:
El arroyo de la sierra
Me complace más que el mar.

Denle al vano el oro tierno
Que arde y brilla en el crisol:
A mi denme el bosque eterno
Cuando rompe en él el Sol.

[...]

V

If you see a mountain of foam,
It is my verse you have seen:
My verse is both a mountain
And a fan of feathery sheen.

My verse is like a dagger
From whose handgrip a flower sprouts:
My verse is a fountain source
From which coral water gouts.

My verse is of pea-pod green
And it gives off a crimson glow:
My verse is a wounded deer
That seeks shelter in woods below.

...

V

Si ves un monte de espumas,
Es mi verso lo que ves:
Mi verso es un monte, y es
Un abanico de plumas.

Mi verso es como un puñal
Que por el puño echa flor:
Mi verso es un surtidor
Que da un agua de coral.

Mi verso es de un verde claro
Y de un carmín encendido:
Mi verso es un ciervo herido
Que busca en el monte amparo.

[…]

VII

For Aragon in Spain,
I have here in my heart entire
A space for all Aragon
Frank, fierce, loyal, without fire.

If a fool wants to know
Why I have it, him I will tell
That there I had a good friend,
That there a woman I loved well.

There in the florid ravine,
That of the heroic defence,
To maintain what they think
People will risk lives without recompense.

And if harassed by a mayor,
Or angered by a surly crown,
The rustic dons his coat
And with shotgun he goes down.

...

I esteem those who with backhand
Stroke overthrows all tyrannies:
I esteem such a Cuban;
I esteem such an Aragonese.

I love the sombrous courtyards
Where embroidered stairway runs;
I love the quiet naves
And the convent without nuns.

I love the flowery land,
Be it of Muslim or Spanish perfume,
Where the little flower of
My life broke its corolla in bloom.

VII

Para Aragón, en España,
Tengo yo en mi corazón
Un lugar todo Aragón,
Franco, fiero, fiel, sin saña.

Si quiere un tonto saber
Por qué lo tengo, le digo
Que allí tuve un buen amigo,
Que allí quise a una mujer.

Allá en la vega florida,
La de la heroica defensa,
Por mantener lo que piensa
Juega la gente la vida.

Y si un alcalde lo aprieta
O lo enoja un rey cazurro,
Calza la manta el baturro
Y muere con su escopeta.

[...]

Estimo a quien de un revés
Echa por tierra a un tirano:
Lo estimo, si es un cubano;
Lo estimo, si aragonés.

Amo los patios sombríos
Con escaleras bordadas;
Amo las naves calladas
Y los conventos vacíos.

Amo la tierra florida,
Musulmana o española,
Donde rompió su corola
La poca flor de mi vida.

XIX

Because of your glowing eyes
And a wrongly placed brooch-pin,
I thought that you were last night
Playing some forgiven games of sin.

I hated you vile and disloyal
Hated you with hatred nauseous:
I felt queasy to see you
So villainous and so gorgeous.

Then by the note that I saw
Without knowing when or where,
Now I know that you were crying
All night for me out there.

XIX

Por tus ojos encendidos
Y lo mal puesto de un broche,
Pensé que estuviste anoche
Jugando a juegos prohibidos.

Te odié por vil y alevosa:
Te odié con odio de muerte:
Náusea me daba de verte
Tan villana y tan hermosa.

Y por la esquela que vi
Sin saber cómo ni cuándo,
Sé que estuviste llorando
Toda la noche por mí.

XXIII

I would like to leave the world
Through the natural door thereby:
In a carriage of green leaves
They're going to take me to die.

Do not leave me in the dark
Like a traitor thus undone:
I am good, and as a good man
I will die with my face to the sun!

XXIII

Yo quiero salir del mundo
Por la puerta natural:
En un carro de hojas verdes
A morir me han de llevar.

No me pongan en lo oscuro
A morir como un traidor:
Yo soy bueno, y como bueno
¡Moriré de cara al sol!

XXV

I ponder, when I rejoice
Like the simplest schoolboy,
In the yellow canary, —
With such black eyes to enjoy!

I want, when I die,
Without homeland, as no man's slave,
To have on my tombstone a wreath
Of flowers, — and a flag upon my grave!

XXV

Yo pienso, cuando me alegro
Como un escolar sencillo,
En el canario amarillo, —
¡Que tiene el ojo tan negro!

Yo quiero, cuando me muera,
Sin patria, pero sin amo,
Tener en mi losa un ramo
De flores, — ¡y una bandera!

XXX

The thunderbolt ploughs, bloodily,
Through cloud as dark as slate:
The ship casts hundreds and
Hundreds of blacks beyond the gate.

The wind, fiercely blew
The mastic trees it clave:
The line walked, it walked,
The line of the naked slave.

The stormy wind shook up
The overfilled lodging:
A mother yelling and screaming
Passed with her offspring.

Red as in the dessert,
The sun rose in the horizon:
Glowing upon a dead slave
Hanging from a ceiba tree at dawn.

A boy saw the slave: shuddered
With passion for those who groan:
And, by the dead man he swore
With his life the crime to atone!

XXX

El rayo surca, sangriento,
El lóbrego nubarrón:
Echa el barco, ciento a ciento,
Los negros por el portón.

El viento, fiero, quebraba
Los almácigos copudos:
Andaba la hilera, andaba,
De los esclavos desnudos.

El temporal sacudía
Los barracones henchidos:
Una madre con su cría
Pasaba, dando alaridos.

Rojo como en el desierto,
Salió el sol al horizonte:
Y alumbró a un esclavo muerto,
Colgado a un ceibo del monte.

Un niño lo vio: tembló
De pasión por los que gimen:
Y, al pie del muerto, juró
¡Lavar con su vida el crimen!

XXXIV

Pains! Who ventures to say
That I have pains! Then,
After thunderbolt, and fire,
I will have the time to suffer again.

I know a profound grief
Among the nameless pains is worst:
It is the slavery of men
That pain of the world be cursed!

There are mountains, one has to
Climb the high mountains; then
We'll see, soul, who it is
Who has put you to die of all men!

XXXIV

¡Penas! ¿Quién osa decir
Que tengo yo penas? Luego,
Después del rayo, y del fuego,
Tendré tiempo de sufrir.

Yo sé de un pesar profundo
Entre las penas sin nombres:
¡La esclavitud de los hombres
Es la gran pena del mundo!

Hay montes, y hay que subir
Los montes altos; ¡después
Veremos, alma, quién es
Quien te me ha puesto al morir!

XXXVI

I know: of flesh one could
Make a flower: one could,
With the love's power,
Make a heaven, — and a child made good!

Of flesh is also made
The scorpion; and equally foul
The worm upon the rose,
And also the gruesome owl.

XXXVI

Ya sé: de carne se puede
Hacer una flor: se puede,
Con el poder del cariño,
Hacer un cielo, — ¡y un niño!

De carne se hace también
El alacrán; y también
El gusano de la rosa,
Y la lechuza espantosa.

XXXVIII

Of the tyrant? Of the tyrant
Say all, say more!, and by driven nail stand
The tyrant on his opprobrium
With the fury of a slave hand.

Of the error? Of the error
Tell of its den, of its dark
Paths: Say all you can
Of the tyrant and the error's mark.

Of woman? You may well
Die of her bite as you can;
But never tarnish your life
Saying wrong of a woman!

XXXVIII

¿Del tirano? Del tirano
Di todo, ¡di más!, y clava
Con furia de mano esclava
Sobre su oprobio al tirano.

¿Del error? Pues del error
Di el antro, di las veredas
Oscuras: di cuanto puedas
Del tirano y del error.

¿De mujer? Bien puede ser
Que mueras de su mordida;
¡Pero no empañes tu vida
Diciendo mal de mujer!

XXXIX

I cultivate a white rose,
For the sincere friend
In January as in July,
Who gives me his honest hand.

And for the cruel who rends
The heart with which I live,
I don't grow thistle or nettle
I cultivate a white rose to give.

XXXIX

Cultivo una rosa blanca,
En julio como en enero,
Para el amigo sincero
Que me da su mano franca.

Y para el cruel que me arranca
El corazón con que vivo,
Cardo ni ortiga cultivo
Cultivo una rosa blanca.

XLIII

Very much, lady, I would give
To spread over your back
Your wild hair
Your golden hair:
   Slowly I would spread it,
   I would silently kiss it again.

Over the fine ear
Luxurious descends the hair,
As if it were a curtain
That rises towards the neck.
   The ear is divine handiwork
   Of Chinese porcelain.

Very much, lady, I would give you
To untangle the knot
Of you red hair
over your nude neck:
   Very slowly I would spread it,
   I would open it strand by strand.

XLIII

Mucho, señora, daría
Por tender sobre tu espalda
Tu cabellera bravía
Tu cabellera de gualda:
   Despacio la tendería,
   Callado la besaría.

Por sobre la oreja fina
Baja lujoso el cabello,
Lo mismo que una cortina
Que se levanta hacia el cuello.
   La oreja es obra divina
   De porcelana de China.

Mucho, señora, te diera
Por desenredar el nudo
De tu roja cabellera
Sobre tu cuello desnudo:
   Muy despacio la esparciera,
   Hilo por hilo la abriera.

AMONG THE FLOWERS OF SLEEP

Among the flowers of sleep
I hear a strange music:
I hear a beach silence!
Remorse reveals
Its disheveled head:
Stormy disorder
Disturbs the inflamed waters:
A knife thrusts sharp
In the wounded heart:
The enraged brain
Silences with that gash:
The palms fly serene
In gray-gold skies:
A crown of ringlets
Comes unloose in the dark:
A line eternally scars
The translucent body:
In this way he who lives in a strange
Land falls into sleep!:
The delight of oblivion
Descends about his head:
Then Jesus appears
Walking upon the waters.

ENTRE LAS FLORES DEL SUEÑO

Entre las flores del sueño
Oigo una música vaga:
¡Oigo un silencio de playa!
El remordimiento asoma
Su cabeza desgreñada:
El desorden tempestuoso
Turba y enciende las aguas:
En el corazón que duele
Un dulce puñal se clava:
El cerebro enfurecido
Calla de una cuchillada:
En las nubes grises y oros
Vuelan serenas las palmas:
Una corona de rizos
En la sombra se desata:
En el cuerpo transparente
La línea eterna se marca:
¡Así se queda dormido
El que vive en tierra extraña!:
La delicia del olvido
Sobre la cabeza baja:
Luego Jesús aparece
Andando sobre las aguas.

Joaquín Nicolás Aramburu
(1855-1923)

Born in Guanajay province of Pinar del Rio, Joaquín Nicolás Aramburu always demonstrated a great appreciation for his home province. He was a man of many trades. A poet and novelist, he was also dedicated from his youth to journalism.

Nacido en Guanajay, provincial de Pinar del Río, Joaquín Nicolás Aramburu siempre demostró su gran aprecio por su provincia de origen. Fue un hombre de muchos oficios. Poeta y novelista, se dedicó desde su juventud al periodismo.

FIRELESS SUN

God made your thick hair
of the thread of tenebrous night
and your dainty little mouth
from a gentle springtime light.

Of the brightest star in the sphere
he made your glimmer of goddess
and of April dawn, the unassuming
cheek that makes the carnation covetous.

He made your brief pace, of the breath of air
that pleases the orchard dell
your smile from rays of moonlight

of limpid cloud your bosom fair
but, oh! He formed your heart well
of hoar ice the Pole freezes white.

SOL SIN FUEGO

Hizo Dios tu poblada cabellera
de un jirón de la noche tenebrosa,
y tu pequeña boca primorosa
de una tarde gentil de primavera.

Del astro de más brillo de la esfera
tomó la luz de tu mirar de diosa,
y de un alba de abril, la pudorosa
mejilla que al clavel envidia diera.

Hizo tu planta breve, de la brisa
que se pasea en el vergel ameno,
de un rayo de la luna tu sonrisa,

de un diáfano celaje tu albo seno;
mas ¡ay! formó tu corazón, tan sólo
del blanco hielo que condensa el Polo.

Bonifacio Byrne
(1861-1936)

Bonifacio Byrne was born in Matanzas in 1861. He published in local newspapers first and then in exile periodicals like *Patria*, founded by José Martí, and *El Porvenir*. Much of his poetry is patriotic and deals with the theme of separatism and independence. His "My Flag", of debatable poetic quality, is a classic. He has also a strong current of modernist poetry in his work, innovative and verbally rich.

Bonifacio Byrne nació en Matanzas en 1861. Publicó en varios periódicos locales primero y luego en periódicos del exilio como *Patria*, fundado por José Martí, y *El Porvenir*. Mucha de su poesía es patriótica y trata temas como el separatismo y la independencia. Su "Mi bandera", de discutible cualidad poética, ha devenido en un clásico. Tiene también una fuerte corriente de poesía modernista en su trabajo, innovadora y verbalmente rica.

THE SLAVE'S DREAM

    Dark and sullen, in a room narrow of beam
lives the wretched slave, and his abeyance
is to drink of the narcotic of dream,
like a nectar of subtle fragrance.

    Into an endless den of ignorance drawn down
pushed forever by his senseless master,
wrath is ever a guest of his frown,
and a pathetic history of his infancy thereafter.

    Now he's sleeping! Take care!
Those who quickly pass by his side!
Do not make a whisper or a sound!

    Let him sleep up to the finish there,
and do not wake him, who knows, let bide
if this unfortunate slave dreams, he's free — unbound! ...

EL SUEÑO DEL ESCLAVO

Hosco y huraño, en reducida estancia
vive el esclavo mísero, y su empeño
es beber el narcótico del sueño,
igual que un néctar de sutil fragancia.

En el antro sin fin de la ignorancia
le hundió por siempre su insensible dueño,
y es la cólera huésped de su ceño,
y una historia patética su infancia.

¡Ora durmiendo está! ¡Tened cuidado
los que cruzáis de prisa por su lado!
¡Ninguna voz en su presencia vibre!

Dejad que el triste de dormir acabe,
y no le despertéis, porque ¡quién sabe
si ese esclavo infeliz sueña que es libre!...

IRONY

   It often appears in a look
gone violent whenever inflamed
like the swordsman's stabbing advance
with a purposeful thrust in his aim.

   It sways as it smiles like a fairy
that on a bitter nectar feeds;
it bites with unrelenting contempt
and whistled in strident glee.

   But when, sensitive and generous,
become confused as it grows
over human pain it lashes

   air around perfumed thus
then it's like the birth of a rose
in a sepulcher full of ashes.

LA IRONÍA

Hace su aparición en la mirada,
siempre que enardecida se violenta,
como el espadachín que se presenta
con ánimo de dar una estocada.

Se mece en la sonrisa, como un hada
que de un amargo elíxir se alimenta;
muerde furiosa en la implacable afrenta
y silba en la estridente carcajada.

Pero cuando, sensible y generosa,
sobre el dolor humano se desliza
y con él se confunde y se desposa,

el aire en torno suyo aromatiza,
y es como el nacimiento de una rosa
en un sepulcro lleno de ceniza.

MY FLAG

In returning from far-away shores
With my soul in lamentation
I eagerly look for my flag
Not the flag of some other nation.

Where is my Cuban flag,
The most beautiful flag there is.
From the ship I saw it this morning
There's something sadder than this.

In the field today that are ossuaries
It saw men fighting bravely as one;
My flag, an honourable shroud
For the poor, dead fighters undone.

...

If brought down and torn into shreds
Is my flag some terrible day
Our dead, raising their arms
Shall defend it again in their way!

MI BANDERA

Al volver de distante ribera,
con el alma enlutada, y sombría,
afanoso busqué mi bandera
¡y otra he visto además de la mía!

¿Dónde está mi bandera cubana,
la bandera más bella que existe?
¡Desde el buque la vi esta mañana,
y no he visto una cosa más triste!...

En los campos que hoy son un osario
vio a los bravos batiéndose juntos,
y ella ha sido el honroso sudario
de los pobres guerreros difuntos.

[…]

Si deshecha en menudos pedazos
llega a ser mi bandera algún día…
¡nuestros muertos alzando los brazos
la sabrán defender todavía!...

Julián del Casal
(1863-1893)

Julián del Casal was born in Havana. Basically a self-educated intellectual, he lived his brief life of hectic literary activity, publishing in several journals of the capital and sharing in literary salons. He was a friend of poet Rubén Darío. His book *Bustos y Rimas* is considered his most accomplished work. Casal is one of the first Cuban modernists and some of his works are considered of rare excellence.

Julián del Casal era natural de la Habana. Fundamentalmente de formación autodidacta, vivió su breve existencia en febril actividad literaria, colaborando con diferentes periódicos de la capital y participando en tertulias literarias. Fue amigo del poeta Rubén Darío. Su libro *Bustos y Rimas* se considera su obra más lograda. Casal fue uno de los primeros modernistas cubanos y algunos de sus trabajos se consideran de gran excelencia.

SALOME

In the Hebrew palace, where the soft
fragrance is by sunlight torn asunder,
rising to fade in the fretworks of the ceiling
or dilate in the spacious nave of wonder,

there is a prince of severe countenance,
hoary beard and emaciated breast,
hieratic and straight, on the throne,
as if by birdsong brought to his rest.

in front of him, with brocaded vest
starred in glowing jewel,
as the sweet tune of sonorous mandolins play,

Salome dances and, where her right hand crests
shows always, radiant with joyful renewal,
the white lotus of golden pistillate array.

SALOMÉ

En el palacio hebreo, donde el suave
humo fragante por el sol deshecho,
sube a perderse en el calado techo
o se dilata en la anchurosa nave,

está el Tetrarca de mirada grave,
barba canosa y extenuado pecho,
sobre el trono, hierático y derecho,
como adormido por canciones de ave.

delante de él, con veste de brocado
estrellada de ardiente pedrería,
al dulce son del bandolín sonoro,

Salomé baila y, en la diestra alzado,
muestra siempre, radiante de alegría,
un loto blanco de pistilos de oro.

PAX ANIMAE: PEACE OF MIND

   Do not speak to me of worldly bliss
It does not give me joy. My heart
Is dead, and in that opened breast
The ravens tear the flesh apart.

   The past is blank
And of myself at times I am unsure,
For life is dry and desolate
Where spectral shapes endure.

   I see no more than darkened star
In mists of rainy half-lit dusk
And in the silent lassitude up-swirled

   The only thing I hear afar
Is weird, confused, mysterious
Sonance that drags me from this world.

PAXANIMAE

No me habléis más de dichas terrenales
que no ansío gustar. Está ya muerto
mi corazón, y en su recinto abierto
sólo entrarán los cuervos sepulcrales.

Del pasado no llevo las señales,
y a veces de que existo no estoy cierto,
porque es la vida para mí un desierto
poblado de figuras espectrales.

No veo más que un astro oscurecido
por brumas de crepúsculo lluvioso,
y entre el silencio de sopor profundo,

Tan sólo llega a percibir mi oído,
algo extraño y confuso y misterioso
que me arrastra muy lejos de este mundo.

HOLIDAY

   A gray sky. Purple banners with
Golden coats of arms; vibrations
Of high bells; drunken songs;
Everywhere green palms in wavering variations;

   Flags fluttering from the bastions;
On balconies feminine forms apart;
The nearby boom of cannon;
People who profit by varieties of art.

   But oh! While the mob thrill
And move in rowdy motion
As in a sea of waves randomly thrown,

   There is a deadly self-known chill,
Whereby within my soul I feel one notion
The infinite yearning to weep alone.

DÍA DE FIESTA

Un cielo gris. Morados estandartes
con escudos de oro; vibraciones
de altas campanas; báquicas canciones;
palmas verdes ondeando en todas partes;

Banderas tremolando en los baluartes;
figuras femeninas en balcones;
estampido cercano de cañones;
gentes que lucran por diversas artes.

Mas, ¡ay! mientras la turba se divierte
y se agita en ruidoso movimiento,
como una mar de embravecidas olas,

Circula por mi ser frío de muerte,
y en lo interior del alma sólo siento
ansia infinita de llorar a solas.

Juana Borrero
(1871-1896)

Juana Borrero was born in Havana and died very young in the United States, where her parents had taken her because of the war for independence that had begun in 1895 in Cuba. She had an education of excellence and devoted herself to painting and writing. Her letters to her boyfriend, Carlos Pío Uhrbach are notable. He had joined the fight in the insurrection and died one year after her. According to Pedro Henríquez Ureña, "two or three stanzas from this dreamer stand among the most intense and suggestive ever written in Spanish". (S. Arias, 2002)

Juana Borrero nació en la Habana y murió muy joven en Estados Unidos, a dónde sus padres la habían llevado a causa de la guerra de independencia que recomenzara en Cuba en 1895. Recibió una excelente educación y se dedicó a la pintura y las letras con devoción. Son notables las cartas que escribió a su novio, Carlos Pío Uhrbach, quien, incorporado a la lucha en los campos insurgentes murió un año después que ella. Según Pedro Henríquez Ureña "dos o tres estrofas de esta soñadora cuentan entre las más intensas y sugestivas escritas en castellano". (S. Arias, 2002)

INTIMATE

Would you like to visit the night of my spirit?
There, at the murky depth of my soul
Is a place where the clear hope
Of the light of the sun fails to shine.
Never ask what slumbers
In silence beneath that shadow shroud ...
Stop there close by the abyss, and weep
As one weeps at the rim of graves!

ÍNTIMA

¿Quieres sondear la noche de mi espíritu?
Allá en el fondo oscuro de mi alma
hay un lugar donde jamás penetra
la clara luz del sol de la esperanza.
¡Pero no me preguntes lo que duerme
bajo el sudario de la sombra muda...
Detente allí junto al abismo, y llora
como se llora al borde de las tumbas!

LAST RHYME

    I have dreamed in my mournful nights,
In rueful nights of pain and crying,
With a kiss of impossible love
Without thirst without fire, nor fever nor vying.

    I don't want delight that unnerves,
Breathless delight that inflames,
I grow weary of
The sensuous kiss of lips that stain.

    Oh, my lover! My impossible lover!
Sweetheart of my dreams with pleasant smile,
When you with your lips kiss me, do so
Without thirst without fire, nor fever nor guile.

    Be it the kiss that I dreamed in my sleep
In my sad nights of pain and weeping,
That would leave a star on my lips
With a tenuous spikenard fragrant in my soul's keeping!

ÚLTIMA RIMA

Yo he soñado en mis lúgubres noches,
en mis noches tristes de penas y lágrimas,
con un beso de amor imposible
sin sed y sin fuego, sin fiebre y sin ansias.

Yo no quiero el deleite que enerva,
el deleite jadeante que abrasa,
y me causan hastío infinito
los labios sensuales que besan y manchan.

¡Oh, mi amado! ¡Mi amado imposible!
mi novio soñado de dulce mirada,
cuando tú con tus labios me beses,
bésame sin fuego, sin fiebre y sin ansias.

Dame el beso soñado en mis noches,
en mis noches tristes de penas y lágrimas,
que me deje una estrella en los labios
y un tenue perfume de nardo en el alma!

Regino E. Boti
(1878-1956)

Regino Boti was a postmodernist, a reformist of Cuban poetry. He is known for the audacity of his texts. Pantheism marked much of his work, as seen in "Fraternity".

Regino Boti, postmodernista, renovador de la poesía cubana, es conocido por la audacia de sus textos. El panteísmo marcó mucha de su obra, como sucede con "Hermandad".

FRATERNITY

There is a sensitive soul in everything.

The voices of silence in the mountain;
the rhapsodies of the sea; the rattling
winds of cliff and broad beaches;
the monastic rhythms of highest night;
the lament of valleys and ravines;
the cavernous seething of the seashell
the symphonizing of pine grove
the wails, shouts, ayes and clamors
of simple and perennial things.

They are harmonious notes of the world in pain,
this world has a soul, for there is a sensitive soul
in everything. A twin soul
our woeful human soul.

HERMANDAD

Hay un alma sensible en cada cosa.

Las voces del silencio en la montaña;
las rapsodias del mar; el tableteo
del viento en los playones y farallas;
el ritmo monacal de la alta noche;
el treno de los valles y quebradas;
el ecuóreo bullir del caracol
el sinfonizar de los pinares
son quejas, gritos, ayes y clamores
de las cosas simples y perennes.

Son el acorde del dolor del mundo,
que el mundo tiene alma, y hay un alma
sensible en cada cosa. Un alma hermana
de nuestra pobrecita alma humana.

José Manuel Poveda
(1888-1926)

José Manuel Poveda's poetry was one of renewal at the beginning of the XX Century. He dealt with various themes from the War of Independence to the racial and social conflicts, "Sun of the Humble" included. Poveda is the poet of the spaces of the cities, then rising in the country.

La poesía de José Manuel Poveda resultó renovadora a principio del siglo XX. Abordó temas variados desde la Guerra de Independencia hasta los conflictos raciales y sociales, entre los que está "Sol de los humildes." Es un poeta de los espacios de las ciudades, entonces nacientes en el país.

SUN OF THE HUMBLE

All through the neighbourhood of paupers,
the winding alley paths, ponds, and sudden wooden walls,
awash in sunset
coppers.

Light glows in the slum like a false gem,
and the filthy clouds green with rust
are rising from the throng
of walking workers raising dust.

The sun lengthens in twilight,
grateful for the people, their dogs and children
fondly greeting as they go
unlike the glacial disdain of rich suburban men

and so the sun, a satyr
in heat, does not leer at a passing miss
but, playing the jolly grandpa
burns her cheek with a kiss.

Thus it lingers as a caress upon every slum-lit thing:
from flies on dung and on scale,
to the swamp, on green slime
to the woman frying, her pan a flame of brilliance,
to the dump, on filthy snippets;
and in happy completion the sun lands
on the torsos
of baseball playing mendicants.

It enters the pub,
a deep drinker, when beer burns in
the glass, and leans
upon us, to drink as the afternoon turns in.

But then aware
of how late it's become,
and in some semblance of escape
it climbs to the roof of the slum.

One instant, and the melancholy hour arrives
with mysterious prayer dimly twilit
of the nocturnal, faint-hearted
violin of cricket.

SOL DE LOS HUMILDES

Todo el barrio pobre,
el meandro de callejas, charcas, y tablados de repente,
se ha bañado en el cobre
del poniente.

Fulge como una prenda falsa en el barrio bajo,
y son de óxido verde los polveros
que, al volver del trabajo,
alza el tropel de obreros.

El sol alarga este ocaso,
contento de ver las gentes, los perros y los chicos,
saludarle con cariño al paso,
y no con el desdén glacial de los suburbios ricos.

y así el sátiro en celo
del sol, no ve pasar una chiquilla
sin que, haciendo de jovial abuelo
le abrase a besos la mejilla.

Y así a todos en el barrio deja un mimo:
a las moscas del estiércol, en la escama,
al pantano, sobre el verde limo,
a la freidora, en la sartén que se inflama,
al vertedero, en los retales inmundos;
y acaba culebreando alegre el sol
en los negros torsos de los vagabundos
que juegan al base-ball.

Penetra en la cantina,
buen bebedor, cuando en los vasos arde
la cerveza, y se inclina,
sobre nosotros, a beber la tarde.

Pero entonces comprende
que se ha retrasado,
y en la especie de fuga que emprende
se sube al tejado.

Un minuto, y adviene la hora de esplín,
la oración misteriosa y sin brillo,
y el nocturno, medroso violín
del grillo.

From José Martí's Poetic Heritage / Del patrimonio poético de Martí

ORCHESTRA KEYS

Orchestra keys and heartfelt song
My voice has: what zephyr has passed
That the bloodied and dusty zither
comes to life with a saving breath?

I will tell you: The vivid sand
Of this bleak and thirsty land
Trembles, rises upturned, and when wind exhales.
It falls anew in Strange flowers.

On cold and worn-out keys
Of the harpsichord in the attic corner
A cherub in love plays sublime
Harmonies with hands of light.

TONOS DE ORQUESTA

Tonos de orquesta y música sentida
Tiene mi voz: ¿Qué céfiro ha pasado
Que el salterio sangriento y empolvado
Con soplo salvador vuelve a la vida?

Te lo diré: La arena de colores
Del páramo sediento
Tiembla, sube revuelta, y cae en flores
Nuevas y extrañas cuando pasa el viento.

En las teclas gastadas y frías
Del clave en el desván arrimado
Con sus manos de luz toca armonías
Sublimes un querube enamorado.

Mariano Brull
(1891-1956)

An avant-garde poet, Mariano Brull is a representative of the so-called "pure poetry". His work is marked by the French poetry of the epoch. The two poems collected here show a poet of ample powers in search of perfection, especially "Epitaph for a Rose", which surprises with the audacity of a polished little jewel.

Vanguardista, Mariano Brull es representante de la llamada "poesía pura", su obra está signada por la poesía francesa de la época. Los dos poemas recogidos aquí muestran a un poeta de amplios poderes en busca de la perfección, especialmente "Epitafio a la rosa", que sorprende por su audacia de pequeña joya pulida.

I AM GOING TO THE JUNE SEA

I go to the June sea,
to the June sea, girl.
Monday. The sun shines. The moon is new.
I go to the sea, girl.
To the plainsong sea of Palestrina,
the old man.

   Indigo and purple brocaded facade
with seashell of white cloud
and little waves of freedom.
To the sea, clear belt.
To the sea, expressive model
of classical geometry.
A race of lines fleeing
from polyhedron's prison
to the liberty of story
— like Picasso, the Dorian vision —.
Still in the slope of soul
descending by the inclined plane.
To the barbarian sea, so soon given
to the empire of Hellenes and Gaul,
not a slave in Roman peace,
with all wishes alive:
a cry from Apollonian flute,
I go now to the June sea
to the sea girl,
though salty, salty …
   — How sweet!

YO ME VOY A LA MAR DE JUNIO

Yo me voy a la mar de junio,
a la mar de junio, niña.
Lunes. Hay sol. Novilunio.
Yo me voy a la mar, niña.
A la mar canto llano del viejo
Palestrina.

   Portada añil y púrpura
con caracoles de nubes blancas
y olitas enlazadas en fuga.
A la mar, ceñidor claro.
A la mar, lección expresiva
de geometría clásica.
Carrera de líneas en fuga
de la prisión de los poliedros
a la libertad de las parábolas
— como la vio Picasso el dorio —.
Todavía en la pendiente del alma
descendiendo por el plano inclinado.
A la mar bárbara, ya sometida
al imperio de helenos y galos;
no en paz romana esclava,
con todos los deseos alerta:
grito en la flauta apolínea.
Yo me voy a la mar de junio,
a la mar, niña,
por sal, saladita…
   — ¡Qué dulce!

EPITAPH FOR THE ROSE

I shatter a rose and fail to find you.
To the wind, just like that, defoliated columns,
palace of the rose in ruins.
Now — impossible rose — you begin:
interwoven through splinters of air
intact to the sea of delight,
where all roses
— before roses —
were beauty without the prison of beauty.

EPITAFIO A LA ROSA

Rompo una rosa y no te encuentro.
Al viento, así, columnas deshojadas,
palacio de la rosa en ruinas.
Ahora — rosa imposible — empiezas:
por agujas de aire entretejida
al mar de la delicia intacta,
donde todas las rosas
— antes que rosa —
belleza son sin cárcel de belleza.

Rubén Martínez Villena
(1899-1934)

Rubén Martínez Villena was born in Havana where most of his literary and political activities took place. He graduated as a lawyer in the University of Havana in 1922. An energetic member of numerous radical organizations, he actively participated in the political struggles of the time to which much of his literary work is related. His labor in the José Martí People's University and in the popular struggles against the dictatorship of Gerardo Machado were significant. He published extensively in all the genres in Cuba and abroad. His poetry, sometimes of a delicate lyricism, later becomes joyful or militant.

Rubén Martínez Villena nació en La Habana donde transcurrió la mayor parte de su actividad literaria y política. Se graduó de abogado en la Universidad de la Habana en 1922. Enérgico militante de numerosas organizaciones radicales, participó activamente en las luchas políticas de la época con las cuales está vinculada mucha de su obra literaria. Fue significativa su labor en la Universidad Popular José Martí y en las luchas populares contra la dictadura de Gerardo Machado. Publicó extensamente en todos los géneros, tanto en Cuba como en el extranjero. Su poesía, a veces de lirismo delicado, se torna luego en gozosa o combativa.

THE HUNTER

He returned from the hunt having lost his way,
though joyful at the lively trot of his horse in bridle
he arrived at the hut of a peasant poor
with a dead doe crossed on his saddle.

That night supper came dressed with wine,
the girl of the house retouched her splendor
in the influence of that cozy domain
a warmth of adventure was born most tender.

He departed quick with the following dawn
perhaps in the night — cautious Celestine —,
he made some oath that her door opened so;

but he did not recall… to the countryside gone
joyful, as he had come; and the girl's soul unseen
lay crossed on the saddle like a dead doe.

EL CAZADOR

Regresaba de caza, mas extravió el camino,
y alegre, al trote vivo de su cabalgadura,
llegóse hasta el albergue pobre del campesino
con una corza muerta cruzada en la montura.

Esa noche la cena se prestigió de vino,
la niña de la casa retocó su hermosura,
y al tierno y suave influjo del calor hogarino
nació el más suave y tierno calor de la aventura.

Y él marchóse de prisa la mañana siguiente...
Quizás entre la noche — celestina prudente —,
hizo algún juramento que le entreabrió una puerta;

mas él no recordaba... Marchó por la campiña,
alegre, como vino; y el alma de la niña
cruzada en la montura como una cierva muerta.

INSUFFICIENCIES OF THE SCALE AND THE RAINBOW

The music of the lark is luminous;
but your voice is made from murk;
wise the nightingale which disturbs shadow
and transforms it into the rich rainbow of its song of sorrow.

The visible spectrum possesses seven shades,
the natural scale ascends through seven sounds:
you may braid them into a variety of song,
yet your greatest suffering will remain unsung.

Controlling the scale, lord of the rainbow
in shadow you will silence the impossible tune.
It should remain black and mute. For your verse fails

to achieve the key of your secret anguish,
a note, inaudible, of a higher pitch,
a colour, in the ultraviolet range…

INSUFICIENCIA DE LA ESCALA Y EL IRIS

La luz es música en la garganta de la alondra;
mas tu voz ha de hacerse de la misma tiniebla;
el sabio ruiseñor descompone la sombra
y la traduce al iris sonoro de su endecha.

El espectro visible tiene siete colores,
la escala natural tiene siete sonidos:
puedes trenzarlos todos en diversas canciones,
que tu mayor dolor quedará sin ser dicho.

Dominando la escala, dominador del iris,
callarás en tinieblas la canción imposible.
Ha de ser negra y muda. Que a tu verso le falta

para expresar la clave de tu angustia secreta,
una nota, inaudible, de otra octava más alta,
un color, de la oscura región ultravioleta...

THE SLEEPLESS EYE

I have the stern impulse and the sacred yearning to spy
on the life of my reveries for those who have died.
Oh, the sleepless pupil and closed up eye!
(In due course, I'll sleep tomorrow with eyelids wide!)

LA PUPILA INSOMNE

Tengo el impulso torvo y el anhelo sagrado
de atisbar en la vida mis ensueños de muerto.
¡O, la pupila insomne y el párpado cerrado!
(¡Ya dormiré mañana con el párpado abierto!)

CIVIL LYRICAL MESSAGE
(Excerpted from "Civil Lyrical Message" an epistolary poem addressed to Jose Torres Vidaurre, a Peruvian poet living in Madrid)

...

A charge is needed to kill scoundrels,
to finish the work of revolutions;

to avenge the suffering dead,
to clean the stubborn crust of colonial rule;

so that one day, with reason and prestige,
we extirpate the Appendix of the Constitution;

keeping faith with sacrifice, hunger,
injury and death

for the Republic to survive,
we might finally bring to pass Martí's marble dream

...

so that our children need not beg on their knees
in the homeland won for us by our fathers on their feet

...

MENSAJE LÍRICO CIVIL

(Selección tomada de "Mensaje lírico civil", poema epistolario dirigido a José Torres Vidaurre, poeta peruano residente en Madrid)

[...]

Hace falta una carga para matar bribones,
para acabar la obra de las revoluciones;

para vengar los muertos, que padecen ultraje,
para limpiar la costra tenaz del coloniaje;

para poder un día, con prestigio y razón,
extirpar el Apéndice de la Constitución;

para no hacer inútil, en humillante suerte,
el esfuerzo y el hambre y la herida y la muerte;

para que la República se mantenga de sí,
para cumplir el sueño de mármol de Martí;

[...]

para que nuestros hijos no mendiguen de hinojos
la patria que los padres nos ganaron de pie.

[...]

Ramón Guirao
(1908-1949)

Ramón Guirao was born in Havana where he wrote most of his literary works. He was a founding member of the Afro-Cuban Studies Society. He regularly contributed to the most important literary magazines of the time. His poetry, of an intimate character, frequently deals with Afro-Cuban culture.

Ramón Guirao nació en La Habana donde realizó lo más importante de su actividad literaria. Fue miembro fundador de la Sociedad de Estudios Afrocubanos. Contribuyó asiduamente con las más importantes revistas de la época. Su poesía, de corte intimista, aborda con frecuencia temas de la cultura afrocubana.

RUMBA DANCER

Black skinned
bongo smooth
Guaguanco dancer

shakes the maraca
with the milky fingers
of her smile.
Red bandana
— silk —
white gown
— starch —
they traverse the measure
of a rope
in Afro-Cuban rhythm
of

   guitar
   clef
   and wooden crate

"Come, Maria Antonia,
Praised be the Lord!"
The serpents of her arms
are dropping beads
of a soap necklace.

BAILADORA DE RUMBA

Bailadora de guaguancó,
piel negra,
tersura de bongó.

Agita la maraca de su risa
con los dedos de leche
de sus dientes.
Pañuelo rojo
— seda —
bata blanca
— almidón —
recorren el trayecto
de una cuerda
en un ritmo afrocubano
de

    guitarra,
    clave
    y cajón.

"¡Arriba, María Antonia,
alabao sea Dio!"
Las serpientes de sus brazos
van soltando las cuentas
de un collar de jabón.

Emilio Ballagas
(1908-1954)

Emilio Ballagas was born in Camagüey where he studied up to high school. He graduated in pedagogy at the University of Havana and worked as a teacher in the Teacher Training College of Santa Clara. Ballagas traveled extensively and contributed with several publications of his time. His poetry, carefully polished, usually has the intimate life of the author as its reference.

Emilio Ballagas nació en Camagüey donde realizó sus primeros estudios. Se graduó de pedagogía en la Universidad de La Habana y trabajó como profesor de la Escuela Normal para Maestros de Santa Clara. Viajó por muchos países y colaboró con numerosas publicaciones de la época. Su poesía, cuidadosamente pulida, usualmente tiene la vida íntima del autor como referente.

PRESENCE
For Francisco Ichaso

Yesterday's moon is no moon
mere silver memory.
Neither is tomorrow's moon
reliable dahlia,
but anguished whisper.
Not yesterday. Never tomorrow.
Today yes, bird in my hand!
Only today's moon
is shining now
swollen gift of light,
astonish my eyes,
lady of my senses.

PRESENCIA
A Francisco Ichaso

La luna de ayer no es luna
sino memoria de plata.
Y la luna de mañana
tampoco es dalia segura,
sí vocecita angustiada.
Ayer no. Mañana nunca.
¡Hoy sí, pájaro en la mano!
Sólo la luna de hoy,
la que está brillando ahora,
es luz grande y regalada,
sorpresa para mis ojos,
señora de mis sentidos.

YOUR NOCTURNE

What is your name, night of this night?
Tell me your name,
give me your watchword
so that I may always
know you
through all variety of nights.

You offer me her forehead in crescent
(flesh crescent)
her lips (pulp in shadow)
and her felt profile ...
Tomorrow my right hand
will play at tracing her outline in the air).

What is your name, night of nights?
Tell me your name,
leave me your watchword
so that I may always
know you
though all variety of nights
and joyful and tremulous
call you
by your name!

NOCTURNO TUYO

¿Cómo te llamas, noche de esta noche?
Dime tu nombre,
déjame tu santo y seña
para que yo te reconozca
siempre
a través de otras noches diferentes.

Tú me ofreces su frente en medialuna
(medialuna de carne),
sus labios (pulpa en sombra)
y su perfil al tacto...
(Mañana, mi derecha
jugará a dibujar su contorno en el aire).

¿Cómo te llamas, noche de esta noche?
Dime tu nombre,
déjame tu santo y seña
para que yo te reconozca
siempre
a través de otras noches diferentes
¡y pueda llamarte gozoso,
trémulo,
por tu nombre!

CLOCK

The dahlia slows
the carnation gains.
Rose, only you
(mute, pure, inviolate)
give the exact hour
in your timeless clock.

RELOJ

La dalia se retrasa,
el clavel adelanta.
Rosa, tan sólo tú
(muda, pura, inviolada)
suenas la hora exacta
en tu reloj sin tiempo.

PORTRAIT

Lonely,
exact
in the limits of time,
without window or flower or book on which to lean:
in a firm bottomless blue.
Motionless (starting the movement).
Motionless,
crystallized in tears.

Gravely your remembrance joins
(inseparable aroma)
to my integral self.

I am,
I am present
in an eternal plane without space.
(Bland broken stars watch over my wreck.)
I am a question
that forever awaits the answer.
The voiceless look: the voice in the netherworld.
The banished hands.

A paralysed mirror
of "I was", "I will be", "I am"...
I'll not be able to be!
With child memory
dead in my arms; for me sleeping.

Motionless waves (in vigil)
at my feet.
Invisible seagulls crossing my head
in dead blue, in living blue,
in a firm bottomless blue.

(The grave adolescent
feels well in such small space).

Lonely,
lean
in the limits of time
and present in the plane without space.
Convalescent
without window or flower,
nor neighbouring vase on which to lean.

Motionless
crystallized in tears.
Ready to cry out for me
(my lone eternal friend),
ready to call for assistance from myself.
Ready to call me:
   Emilio!

RETRATO

Solo,
exacto
en los límites del tiempo,
sin ventana ni flor ni libro en que apoyarme:
en fijo azul sin fondo.
Inmóvil (iniciando el movimiento).
Inmóvil,
cristalizado de lágrimas.

Gravemente se suma tu memoria
(inseparable olor)
a mi yo íntegro.

Estoy,
estoy presente
en un eterno plano sin espacio.
(Blandas estrellas rotas velan mi naufragio.)
Y soy una pregunta
que espera ya por siempre la respuesta.
La mirada sin voz: la voz en el trasmundo.
Las manos desterradas.

Paralizado espejo
del "yo fui", "yo seré", "yo soy"...
¡No podré ser!
Con el recuerdo niño
muerto en los brazos; para mí dormido.

Olas sin movimiento (en vigilia)
a mis pies.
La cabeza cruzada de invisibles gaviotas
en azul muerto, en azul vivo,
en fijo azul sin fondo.

(El grave adolescente
se siente bien en tan escaso espacio).

Solo,
enjuto
en los límites del tiempo
y presente en el plano sin espacio.
Convaleciente
sin ventana ni flor,
ni vecino jarrón en que apoyarme.

Inmóvil,
cristalizado de lágrimas.
Pronto a clamar por mí
(mi eterno amigo único),
pronto a pedir socorro de mí mismo.
Pronto a llamarme:
   ¡Emilio!

Raúl Gómez García
(1928-1953)

Raúl Gómez García was born in Havana. Once he finished high school, he worked at a variety of jobs. He was involved in the struggles against Fulgencio Batista's dictatorship publishing in the underground newspaper, *El Acusador*. He participated in the group of young men and women who attacked the Moncada Garrison on July 26 1953, an action in which he was captured and murdered. He read his poem "We Are Already in Combat" to the fighters before they left for battle.

Raúl Gómez García nació en La Habana donde, luego de terminar su bachillerato, trabajó en diferentes oficios. Se vinculó a las luchas contra la dictadura de Fulgencio Batista publicando el periódico clandestino *El Acusador*. Formó parte del grupo de jóvenes que asaltó el Cuartel Moncada el 26 de julio de 1953, acción en la que fue hecho prisionero y asesinado. Leyó el poema "Ya estamos en combate" a los combatientes antes de partir para el ataque.

WE ARE ALREADY IN COMBAT

We are already in combat
To defend the ideas of all those who have died
To throw the evil ones out of the historical temple
For Maceo's heroic gesture,
For Martí's sweet memory.

In our blood boils the hazardous fate
Of generations who gave their all,
In our arms lie the clamorous dreams
That vibrate in the higher soul of the Cuban
We are in combat…

…

We are in combat… Forward!
Forward, up to the highest seat of glory
So that in this new dawn a
Dignified and seemly republic is born
Which was Chibás's last yearning.

…

For our honour as men, we are in combat
Let us ridicule the Tyrant's selfish posture
Now or never, we shall fight for a Cuba without slaves
Let us feel deep the enraged thirst of the motherland
Let us place the solitary Star at the summit of Turquino.

YA ESTAMOS EN COMBATE

Ya estamos en combate
Por defender la idea de todos los que han muerto
Para arrojar a los malos del histórico templo
Por el heroico gesto de Maceo,
Por la dulce memoria de Martí.

En nuestra sangre hierve el hado azaroso
De las generaciones que todo lo brindaron,
En nuestros brazos se lazan los sueños clamorosos
Que vibran en el alma superior del cubano
Ya estamos en combate...

[...]

Ya estamos en combate... ¡Adelante!
Adelante hasta el nido superior de la gloria
Para que nazca en esta nueva aurora
La república digna y decorosa
Que fue el último anhelo de Chibás.

[...]

Por nuestro honor de hombres ya estamos en combate
Pongamos en ridículo la actitud egoísta del Tirano
Luchamos hoy o nunca por una Cuba sin esclavos
Sintamos en lo hondo la sed enfurecida de la patria
Pongamos en la cima del Turquino la Estrella solitaria.

Luis Saíz Montes de Oca
(1938-1957)

Luis Saíz Montes de Oca was born in Havana. He studied law at the University of Havana, where he was involved with the students' struggles of the time. His writings appeared in Cuban and foreign magazines and newspapers. Because of his participation in the struggle against Batista's dictatorship, he was brutally murdered together with his brother, Sergio. The poem "Departure", a premonitory piece, shows the poetic maturity reached by the young author.

Luis Saíz Montes de Oca nació en La Habana. Estudió Derecho Civil en la Universidad de la Habana, donde se vinculó con las luchas estudiantiles de la época. Colaboró con publicaciones periódicas en Cuba y en extranjero. Por su participación en la lucha contra la dictadura de Batista, fue brutalmente asesinado junto a su hermano, Sergio. El poema "Partida", pieza premonitoria, es muestra de la madurez poética alcanzada por el joven autor.

DEPARTURE

… And sad he came with rifle on shoulder;
almost a child… he was bound to last breathing!
He gave a long kiss that tasted like ending
to the girl who in prayer and in grieving, allowed him his leaving!

He knocked at her door with life's pain,
on his shoulder the rifle… in his mind a sun burned…
With forehead high… faith enflamed;
In joy he escaped, to never return!

And to the old woman of wrinkled regard,
in kisses and sun, …in prayer and in grieving
touching his rifle and wetting his brow,
She thought of the motherland! …and allowed him his leaving!

PARTIDA

...Y llegó triste con su rifle al hombro;
era casi un niño... ¡iba a morir!
Le dio un beso largo con sabor a fin
a la novia que entre rezo y llanto, ¡lo dejó partir!

Tocó a su puerta con el dolor de vida,
en su hombro el rifle... en su mente un sol...
La frente en alto... la fe encendida;
escapa alegre ¡para no volver!

Y la anciana de arrugada faz,
entre rezo y llanto... entre beso y sol,
tocó su rifle y mojó su frente,
¡Pensó en la patria!... ¡y lo dejó partir!

From José Martí's Poetic Heritage / Del patrimonio poético de Martí

TWO HOMELANDS

Two homelands have I: Cuba and the night.
Or have I only one? As soon as the Sun
Withdraws its majesty, silently, Cuba
Like a sad widow in long veils appears to me
In her hand, a carnation.
I know what bloody carnation this is
That shivers in her hand! My chest
Is empty, it is shattered and empty
Where the heart once beat. It is high time
To begin with dying. The night is good
For saying farewell. Light impedes
The human word. The universe
Speaks more clearly than man.
Like a flag
That summons to battle, red flame
Blazes from my candle. I open
The window, already I wither inside. Mute, breaking
The carnation departs, like a cloud
That blurs the sky, Cuba, a widow, passes...

DOS PATRIAS

Dos patrias tengo yo: Cuba y la noche.
¿O son una las dos? No bien retira
Su majestad el sol, con largos velos
Y un clavel en la mano, silenciosa
Cuba cual viuda triste me aparece.
¡Yo sé cuál es ese clavel sangriento
Que en la mano le tiembla! Está vacío
Mi pecho, destrozado está y vacío
En donde estaba el corazón. Ya es hora
De empezar a morir. La noche es buena
Para decir adiós. La luz estorba
Y la palabra humana. El universo
Habla mejor que el hombre.
Cual bandera
Que invita a batallar, la llama roja
De la vela flamea. Las ventanas
Abro, ya estrecho en mí. Muda, rompiendo
Las hojas del clavel, como una nube
Que enturbia el cielo, Cuba, viuda, pasa...

AFTERWORD / EPÍLOGO

Translating from the English—Finding Voice

I first met Cuban poet/author/translator/professor Manuel de Jesus at UNEAC (Unión de Escritores y Artistas de Cuba) in Holguín, Cuba, in February of 2006. I had been invited by mutual acquaintance Richard "Tai" Grove to participate in a bi-cultural poetry reading. The event hosted by CCLA (Canada Cuba Literary Alliance) and taking place under the auspices of UNEAC included three Canadian poets and three Cuban poets. Manuel facilitated the reading by doing double duty as translator and reader of the translations, thus making for a truly bilingual cultural exchange.

That event remains something of an apotheosis for me. The reading took place in the verdant courtyard of UNEAC in Holguín. The evening was balmy and warm with around thirty-five people in attendance. I struggled through an awkward introduction using my considerably-limited Spanish, saying of myself, "Hola. Mi nombre es Juan B. Lee. Soy poeta Canadiense. Me plazco muy estar en Cuba. El primer poema que quisiera leer es el poema, 'Contando las Moscas en Pablo Casals.' Este poema se refiere a una fotografía del fotógrafo mundialmente famoso Karsh. El curador del museo de Karsh dijo de la fotografía, 'siempre que cualquier persona comente sobre la fotografía por Karsh de Casals, nadie comenta nunca sobre las moscas.' Escribí este poema sobre esas moscas, cuyo hay muchos, como las moscas aquí." And with this inauspicious introduction, I began to read my poem followed by Manuel's reading of the translation.

* * *

In the winter of 2007, I was one of several Canadian members of the CCLA who traveled to Havana to read to students gathered in a classroom at the satellite campus of the University of Havana located just off the Malecón running along the seawall across from the fort San Carlos de la Cabaña. After the reading, Manuel handed me the first draft of what would become *Sweet Cuba*. That early draft bore the working title *Three-Hundred-and-Fifty Years of Mystique: A Minimum Anthology of Cuban Poetry*. On that occasion, Manuel expressed a profound faith in my ability to transform those first attempts at capturing the meaning in English of the original poems as they were written in Spanish. I confess that though I was flattered to be thought capable of such a daunting task, I was decidedly uncertain of my ability to live up to the challenge at hand. However, I did take on that challenge with great delight.

In the early summer of the same year, while traveling in France with a group of student writers from the University of Windsor, I read the manuscript in full. My first impression of the early poems was less than stellar. I found them to be of little more than historic interest. My inclination was to suggest an exclusive translation of Cuban poet and national hero, José Martí. In my estimation, his work stood head-and-shoulders above the rest.

However, in honour of Manuel's request, and as a credit to his efforts, I took on the task of working on a transformation of a poem by Julia Pérez y Montes de Oca. Ever cognizant of Robert Frost's cautionary caveat "poetry is what is lost in the translation" I saw as my duty the creation of a poem in English inspired by the original, honouring its meaning, and staying as close as possible to the formal structural and stylistic paradigms of the poem in Spanish. I chose de Oca's poem, "Despair" in particular, because, although it is written in quatrains, it is a poem free from the strictures of end-line rhyme in Spanish.

At that point, and before my annual reunion with Manuel in Cuba, I re-read the entire manuscript in hope of finding a less-cumbersome more appealing title for the book in hand. After combing through the nearly two hundred pages of poetry I hit upon three possible titles for consideration. Interestingly, all three prospective titles came from José María Heredia's long poem, "Hymn of An Expatriate." I was struck by the lyrical beauty of his language as translated by Manuel into English. I found two possible titles before fixing my mind on the third. I considered the lines "Sweet Land of Light and Beauty," and "In the Fields Where I Came to the World," both to be lovely, but unsatisfactorily summative in their capacity to embrace the work as a whole. I then hit upon the phrase "Sweet Cuba" which seems to capture both the paradox of Cuba's predicament and to immediately identify the national source of the entire project.

Since first contact, Cuba has ever been perceived as a natural paradise. Christopher Columbus describing Cuba wrote that he "had never seen anything so beautiful"; the land was the "most lovely that eyes have ever seen, the air all night was scented and sweet, and neither cold nor hot. … Everything that I saw was so lovely that my eyes could not weary of beholding such beauty, nor could I weary of the songs of the birds large and small." A land of great physical and geographical beauty and a major source of sugar cane might aptly be described in the phrase, "Sweet Cuba." And yet, this has also been a land much troubled by the struggle to realize the human equivalent worthy of that natural beauty. The four lines from which this title has been excerpted capture that tension between physical beauty and human turmoil. In these lines there is an acknowledgement of the natural beauty and an expression of the suffering of the people of the island as they aspire to create a nation equal to and worthy of the idyll.

> Sweet Cuba! In your bosom we see
> in the highest and deepest degree,
> the beauty of the physical world,
> the horrors of the moral world.[1]

---

[1] From "Hymn of the Expatriate" by José María Heredia.

In preparation for our next face-to-face meeting in Cuba, I translated a second poem, this time choosing an earlier and more obviously formal poem. I selected Alférez Christóbal de la Coba Machicao's seventeenth century composition in order to provide a poem of great contrast to the less formal previously mentioned "Despair". The poem was simply titled, "Sonnet," and rather than following the 'abba' rhyme of the original, I chose to adhere to an 'abab' rhyme. The resulting poem reflects the verbal simplicity and follows the octave sestet structure of the original Spanish.

> Tan alto vuelas, pájaro Canario,
> que se pierde de vista ya tu vuelo,
> cual águila caudal que sube al cielo
> a buscar su remedio en su contrario.
>   (Machicao)

> So high you fly, Canary bird,
> that your flight is lost, out of sight,
> such as an eagle that rises to the sky
> to find his remedy in his opponent.
>   (Manuel de Jesús' first draft)

becomes:

> Canary bird, so high you fly
> Your flight is lost in blue
> As an eagle rises to the sky
> To find opponent solved in you.
>   (John B. Lee)

I presented my versions of "Despair" and "Sonnet" to Manuel, along with my ideas concerning the title of the anthology. Manuel was sufficiently impressed with the work I had done to encourage me to continue in that vein with the remainder of the anthology.

As for the title, he cautioned against a sweetening of Cuban life with an overtly romantic view of Cuba as reflected in the title, Sweet Cuba. I drew his attention to the epigram and assured him that I knew there was a dark undercurrent to much of the poetry in the anthology. Serendipitously, we visited Manuel's son Victor's home where I espied a painting that captured the paradox of Cuba. "If we might persuade the publisher to use Victor's painting as a cover illustration, the reader will immediately apprehend the dual meaning of the title and have that impression confirmed by the use of Heredia's excerpt as an epigram in the book", I told Manuel. My wife and I purchased Victor's painting and the die was cast and upon returning home my work could begin in earnest.

While we were still in Cuba, in Holguín, at a mausoleum devoted to local heroes of the wars for independence, on the anniversary of José Martí's birthday, each member of the CCLA delegation read a Martí poem in English followed by a reading of the same poem in Spanish.

After a brief conversation with Manuel, I resolved to honour his desire that the manuscript not be limited to Martí's poetry. With Manuel's blessing, I had the intimidating task of translating well over one hundred poems. Thus I moved on to the next phase in this labour of love, this homage to Cuba, this tribute to friendship, this collaboration between Manuel, the poets of Cuba, and me. If Frost's cautionary "poetry is what is lost in translation" is true, then so too is Joseph Brodsky's statement "poetry is what is gained in translation." For surely, as Richard Jackson states in his essay on translation, "the purpose of poetry is to be read."

Only recently I heard in an interview that tenth century Japanese poet, Izumi Shikibu's poem, "The Crickets," is amongst the most popular of all poems appearing on the New York subway system as part of the 'transit poem' project in the Big Apple. And we would not have this poem, without Janet Hirschfield's English translation.

---

[1] Manuel's son, Victor, is a painter besides being an ophthalmologist.

Crickets

Although the cricket's song
Has no words
Still it sounds like sorrow.

Izumi Shikibu

I talked about this poem with a friend. He asked me, "why that poem?" Because it is so simple, so lovely, so thought provoking, so contemporary, so universal, so easily understood, and yet so profound. It is both childlike and at the same time worldly-wise. A thousand years ago a Japanese woman expressing herself in a language I do not understand reaching down through time communicated with me in my language. Hirschfield had created a poem in English, changing language into language so that I might have the otherwise entirely unavailable work of Izumi Shikibu to read.

As We Speak—dreaming in the wrong language

Imagine yourself as a poet composing a poem aloud as you stand on the rim of a great canyon. You speak the words of your poem with all the beauty and authority of someone in the flight of inspiration. Of course, you find yourself expecting the resonant response of a reverberating voice returning the poem to your ears in a full and exact language of your original breath. Imagine your surprise when little sir echo engages in the mischief or replying with an alien voice in the unknown language of a stranger. Spanish author Cervantes for his part lamented, "reading literature in translation is much like viewing the great tapestries of Europe from the back side."

On the last visit to Holguín, a Cuban poet was so offended by the prospect of having his poetry read in translation that he refused to allow his work to be read aloud. He was quite adamant in his refusal and he said to the audience of mostly monolingual Canadians, "I write in Spanish. I very carefully choose every word. The words are mine and I will not allow them to be distorted by translation." We listened politely in appreciation of the music of the language without so much as a single idea as to the content and meaning of his work.

Over the course of the past two years in collaboration with Manuel, I have had frequent opportunity to exchange ideas concerning the general experience of writing and creating poems in translation. The phrase I prefer in description of the relationship between the original work in Spanish and the same work as it appears in English is the phrase "inspired by". The poems in English are inspired imitations. They emulate the original. They are creations based upon the original Spanish poems. Each poem is something of an exercise in writing like someone else. One transforms one language into another and in so doing transports as much of the original as possible into a new work that amounts to a glass seen through darkly. One is looking through the filter of another language, a second culture, rather than viewing a direct reflection of the original. Imagine a face seen through the distortion of a glass filter rather than a face seen in a mirror, rather than a mirror image of the progenitor.

The light we see when we look at the stars is not the light of the original star, but rather the light as it is seen travelling through space and time, a secondary experience rather than primary. Just as we might stand in awe of the stars we see fully aware of the journey of light through time and space, we might glimpse something of the original in the copy, something of the source in the result. We are herein thereby in possession of two poems for each poem. The second, the poem in translation, is a different text similar to the original. The merit of the poem in English is measured either by its quality as a poem in English, or by its quality as a poem which captures the original poem in Spanish, or by both of these impulses. Over the course of these translations I have struggled to create a first-rate poem in English that sacrifices as few of the merits of the poem in Spanish as possible. However, as Rilke suggests, 'the greater the poem, the easier the translation," and so some of the least satisfactory poems in this anthology are those based upon the weakest poems in Spanish. I am most satisfied with the poems by Martí most likely because his poems are the most accomplished.

Over the course of our correspondence, I have written Manuel several times in response to the task at hand in general or in other cases in response to individual poems.

* * *

April 13, 2009

Manuel

We are indeed soul brothers, I think. I tell Cathy I do not think I have met a better than you. (I hope I'll grow tall enough to deserve this comment, which I leave here out of pride, indeed.)

I've been thinking of an opening line to my Preface for our translation project. I haven't got it quite yet, but it is something along the lines of ...

Imagine translating a poem from English into English. When the language from which you are translating the poem is the same as the language into which you are translating the poem you would immediately recognize the obvious differences between the original and the copy. It is even possible to imagine the result of such a project as being something of an improvement over the original. And so on...

I'm not happy with the flow of this, but you see where I'm going. It immediately suggests the shortcomings and indeed the impossibility of translation. I've actually done this exercise with students in the past translating from English into English using synonyms and approximations of meaning. The results are sometimes hilarious.

* * *

Manuel

In my aspiration as a writer, I wish to "write the smell of varnish". In this intention, it is language that fails the author. Canadian poet bp Nichol wrote, "I do not wish to write a poem about a daffodil, I want to write a poem which is a daffodil."

In writing, I want the poem to have the transformative power of prayer. Most people think of prayer as an importuning of God. I think of it as an appeal from the inner world of the individual to the outer world of the universe to make a connection whereby the iteration of the best words in the best order presents the possibility of grace, the covenant between the self and the universe, the vanishing into the thing where the soul makes contact through the mind, the body, the heart with the enthralling and all-containing spirit of things. Existence without alienation. What the authors of the *Bible* meant when they spoke of the covenant between God and man for which the rainbow is a metaphor.

It is this 'luminous interior' connecting with this 'startlingly brilliant sky', this egoless dark, this close-eyed heaven we hold, that I'm after in my work. And why would my aspiration as a translator be any less ambitious. To prove the original stamp in the copy, that is my hope. To find in my language, the shadow of light in the ink of the primary text, like saying in echoes as close to the source of original voice without losing the voice of the source.

Oh how the original cried out in its masks.

And when the mask is removed, what face is there to be seen.

Imagine the bones of the poem invisible.

Imagine translating back from the translation and attempting to achieve the original.

And this is in 'the same language' where the culture and the intention of the original poem is entirely understood.

What a job we have taken on in attempting to honour these poets and these poems.

* * *

These poets in exile, these poets suffering under the yoke of the imperial tyranny of Spain, these poets as soldiers in a battle fighting to realize Cuban independence, these poets living and dying and lamenting the tragic loss of lovers and friends, these poets who never lose faith in the possibility of the establishment of a human paradise worthy of the natural beauty of their beloved island, many of them martyrs to that cause, many of them perishing without realizing this ideal in their lifetime, this aspiration given voice by many and culminating in Martí and evolving from his dream into the dream of those who inherited his ideal, this is the voice of *Sweet Cuba*, this bitter-sweet beauty in the lingual music of poetry manifest in the two-tongued poems of this anthology.

I feel a deep connection to Cuba that I hope to live to deserve.

John B. Lee
January 20, 2010

Traduciendo del inglés—en busca de una voz

Conocí al cubano Manuel de Jesús (poeta/autor/traductor/profesor) en la UNEAC (Unión de Escritores y Artistas de Cuba) en Holguín, Cuba, en febrero de 2006. Yo había sido invitado por un conocido mutuo, Richard "Tai" Grove para participar en una lectura bicultural de poesía. El evento, organizado por la ALCC (Alianza Literaria Canadá Cuba) y auspiciado por la UNEAC, incluía a tres poetas canadienses y a tres poetas cubanos. Manuel hizo posible la lectura realizando la doble tarea de traductor y lector de las traducciones, generando así un verdadero intercambio cultural bilingüe.

Ese evento cultural sigue siendo algo así como una apoteosis para mí. La lectura se produjo en el patio frondoso de la UNEAC en Holguín. El atardecer era balsámico y tibio con cerca de treinta y cinco personas en la audiencia. Luché con una torpe introducción utilizando mi español considerablemente limitado, diciendo de mí mismo, "Hola, mi nombre es Juan B. Lee. Soy poeta canadiense. Me place mucho estar en Cuba. El primer poema que quisiera leer se llama 'Contando las moscas en Pablo Casals.' Este poema se refiere a una fotografía del mundialmente famoso Karsh. El curador del museo de Karsh dijo de la fotografía, 'siempre que comentan sobre la fotografía por Karsh de Casals, nadie habla de las moscas.' Así que escribí este poema sobre esas moscas." Y con esta introducción poco propicia, comencé a leer el poema seguido de la lectura de la traducción por Manuel.

* * *

En el invierno de 2007, yo fui uno de los numerosos miembros de la ALCC que viajó a la Habana a leer a estudiantes reunidos en un aula de una sede del campus de la Universidad de la Habana enclavada junto al Malecón que se extiende junto al mar, al otro lado de la fortaleza San Carlos de la Cabaña. Luego de la lectura, Manuel me entregó el primer borrador de lo que se convertiría en *Sweet Cuba*. Ese primer borrador tenía el título de trabajo de Trescientos cincuenta años de mística: una antología mínima de poesía cubana. En esa ocasión, Manuel expresó una profunda fe en mi habilidad para transformar esos primeros intentos de capturar el significado en inglés de los poemas originales como fueron escritos en español. Confieso que aunque me sentí halagado de que se me considerara capaz de tarea tan intimidante, me sentía decididamente dubitativo de mi habilidad para estar a la altura del desafío que enfrentaba. Sin embargo, asumí tal reto con gran placer.

A principios del verano de ese mismo año, mientras viajaba por Francia con un grupo de estudiantes de literatura de la Universidad de Windsor, leí el manuscrito hasta el final. Mi primera impresión de los antiguos poemas fue moderada. Me pareció que eran apenas de interés histórico. Me incliné por sugerir una traducción solo del poeta José Martí, héroe nacional de Cuba. En mi estimación, su trabajo era muy superior al de los demás poetas.

Sin embargo, en deferencia a la solicitud de Manuel, y en consideración a sus esfuerzos, asumí la tarea de trabajar en la transformación de un poema de Julia Pérez y Montes de Oca. Conocedor de la advertencia admonitoria de Robert Frost "la poesía es lo que se pierde en la traducción" consideré mi deber la creación de un poema en inglés inspirado por el original, honrando su significado y permaneciendo tan cerca como fuera posible de la estructura formal y de los paradigmas estilísticos del poema en español. Escogí el poema de Montes de Oca, "Desesperación" en particular, porque aunque está escrito en cuartetas, es un poema libre de las constricciones de la rima al final del verso en español.

En este punto, y antes de mi reunión anual con Manuel en Cuba, releí todo el manuscrito con la esperanza de encontrar un título menos engorroso y más atractivo para el libro en consideración. Luego de peinar las cerca de doscientas páginas de poesía, di con tres títulos posibles a considerar. Resulta interesante que los tres eventuales títulos venían del extenso poema de José María Heredia, "Himno del desterrado." Me impresionó la belleza lírica de su lenguaje según la traducción de Manuel al inglés. Encontré dos posibles títulos antes de concentrarme en el tercero. Consideré los versos "dulce tierra de luz y hermosura," y "en los campos do al mundo nací," ambos de gran belleza, pero incapaces de resumir satisfactoriamente lo que abarca la obra como un todo. Entonces encontré la frase "dulce Cuba" la cual parece capturar ambas, la paradoja de la difícil situación de Cuba, e identificar inmediatamente la fuente nacional del proyecto íntegro.

Desde el primer contacto, Cuba siempre ha sido percibida como un paraíso natural. Cristóbal Colón describiendo a Cuba escribió que "nunca había visto nada tan bello"; la tierra era "la más bella que ojos humanos hubieran visto jamás, el aire toda la noche era perfumado y dulce, y ni frío ni caliente. ... Todo lo que vi era tan encantador que mis ojos no se cansaban de contemplar tanta belleza, ni me podía yo cansar del canto de los pájaros grandes y pequeños." Una tierra de gran belleza física y geográfica y fuente importante de la caña de azúcar podía muy bien ser descrita por la frase, "dulce Cuba." Y sin embargo, esta ha sido también una tierra muy perturbada por las luchas por realizar el equivalente humano que sea digno de esa belleza natural. Los cuatro versos de los que este título ha sido extractado capturan esa tensión entre la belleza física y los conflictos humanos. En esos versos hay un reconocimiento de la belleza natural y la expresión del sufrimiento del pueblo de la isla en su aspiración de crear una nación igual y merecedora de ese idilio.

> ¡Dulce Cuba! en tu seno se miran
> en el grado más alto y profundo,
> la belleza del físico mundo,
> los horrores del mundo moral.[1]

---

[1] De "Himno del desterrado", por José María Heredia.

Preparándome para nuestro segundo encuentro cara a cara en Cuba, traduje un segundo poema, esta vez escogí un poema más antiguo y más obviamente formal. Seleccioné la composición del siglo dieciocho del Alférez Cristóbal de la Coba Machicao para tener un poema de gran contraste con el menos formal mencionado anteriormente, "Desesperación". El poema se titulaba sencillamente "Soneto," y en lugar de seguir el ritmo 'abba' del original, preferí utilizar un ritmo 'abab'. El poema resultante reflejaba la simplicidad verbal del original y seguía la estructura octavo sexteto del español.

> Tan alto vuelas, pájaro Canario,
> que se pierde de vista ya tu vuelo,
> cual águila caudal que sube al cielo
> a buscar su remedio en su contrario.
>   (Machicao)

> So high you fly, Canary bird,
> that your flight is lost, out of sight,
> such as an eagle that rises to the sky
> to find his remedy in his opponent.
>   (Primer borrador de Manuel de Jesús)

se convierte en:

> Canary bird, so high you fly
> Your flight is lost in blue
> As an eagle rises to the sky
> To find opponent solved in you.
>   (John B. Lee)

Le presenté mis versiones de "Desesperación" y "Soneto" a Manuel, junto a mis ideas concernientes al título de la antología. Manuel se sintió suficientemente impresionado con el trabajo que yo había hecho para alentarme a continuar trabajando de esa misma forma con el resto de la antología.

En cuanto al título, él me alertó de no edulcorar la vida de Cuba con una visión desembozadamente romántica del país como se reflejaba en el título, Dulce Cuba. Llamé su atención sobre el epigrama y le aseguré que yo sabía de la existencia de oscuras corrientes nutriendo mucha de la poesía en la antología. De manera fortuita, visitamos la casa del hijo de Manuel, Víctor, donde divisé una pintura que capturaba la paradoja de Cuba.[1] "Si podemos persuadir al editor para que use la pintura de Víctor para la ilustración de la cubierta, el lector inmediatamente comprenderá el significado dual del título y esa impresión le será confirmada por el uso del extracto del poema de Heredia como un epigrama en el libro." Mi mujer y yo compramos la pintura de Víctor y la decisión fue tomada. Al regresar a casa, mi trabajo podía comenzar en serio.

Cuando aún estábamos en Cuba, en Holguín, en un mausoleo dedicado a héroes locales de las guerras de independencia, en el aniversario del natalicio de José Martí, cada miembro de la ALCC leyó un poema de Martí en inglés seguido de una lectura del mismo poema en español.

Luego de una breve conversación, decidí honrar el deseo de Manuel de que el manuscrito no se limitara a la poesía de Martí. Con la bendición de Manuel, tenía la tarea intimidante de traducir más de cien poemas. Así pasamos a la siguiente fase en esta obra de amor, este homenaje a Cuba, este tributo a la amistad, esta colaboración entre Manuel, los poetas de Cuba y yo. Si es cierta la admonición de Frost "poesía es lo que se pierde en la traducción", entonces así lo es también la afirmación de Joseph Brodsky "poesía es lo que se gana en la traducción." Porque de seguro, como dice Richard Jackson en su ensayo sobre la traducción, "el designio de la poesía es ser leída."

Recientemente escuché en una entrevista que el poema "Los grillos" del poeta japonés del siglo diez, Izumi Shikibu, se encuentra entre los más populares de todos los poemas que aparecen en el sistema del metro de Nueva York como parte del proyecto 'poema de tránsito' en la Gran Manzana. Y no tendríamos ese poema sin la traducción al inglés de Janet Hirshfield.

---

[1] Víctor Manuel es pintor además de ser oftalmólogo.

Grillos

Aunque el canto del grillo
No tiene palabras
Suena a tristeza

Izumi Shikibu

Le hablé de este poema a un amigo. Él me preguntó, "¿Por qué este poema? Porque es tan simple, tan encantador, tan provocador del pensamiento, tan contemporáneo, tan universal, tan fácil de comprender, y sin embargo tan profundo. Es a la vez inocente y sabio de experiencias mundanas. Hace mil años, una japonesa expresándose en una lengua que no entiendo se extiende a través del tiempo y se comunica conmigo en mi lengua. Hirshfield ha creado un poema en inglés, cambiando un idioma por el otro para que yo pueda tener la posibilidad de leer la obra de otra forma inaccesible de Izumi Shikibu.

* * *

Mientras hablamos–soñando en la lengua equivocada

Imagínese un poeta que compone un poema en voz alta de pie en el borde de un gran cañón. Usted dice las palabras de su poema con toda la belleza y la autoridad de alguien en el vuelo de la inspiración. Por supuesto, usted espera la respuesta resonante de una voz reverberante que devuelve el poema a sus oídos en el lenguaje pleno y exacto de su aliento original. Imagine su sorpresa cuando el señor eco hace la travesura de replicar con una voz extranjera, en la lengua desconocida de un extraño. El autor español Cervantes se lamentaba, "leer literatura en traducción es en mucho como ver los grandes tapices de Europa por la parte de atrás."

En la última visita a Holguín, un poeta cubano se sintió tan ofendido por la perspectiva de que su poesía se diera a conocer en una traducción que rehusó permitir que su obra se leyera en voz alta. Se mostró bastante inflexible en su negativa y dijo a la audiencia, en su mayoría de canadienses monolingües, "escribo en español. Tomo cuidado en la selección de cada palabra. Las palabras son las mías y no permitiré que sean torcidas por la traducción." Nosotros escuchamos cortésmente apreciando la música del lenguaje sin la menor idea del contenido y significado de su obra.

Durante los últimos dos años, en colaboración con Manuel, he tenido frecuentes oportunidades de intercambiar ideas respecto a experiencias generales con la escritura y la creación de poemas en la traducción. La frase que prefiero para describir la relación entre el trabajo original en español y el trabajo como aparece en inglés es la frase "inspirado por". Los poemas en inglés son imitaciones inspiradas. Emulan con el original. Son creaciones basadas en los poemas originales en español. Cada poema es una especie de ejercicio de escritura como otra persona. Uno transforma un lenguaje en otro y al hacerlo transporta cuanto del original es posible a una nueva obra que equivale a un cristal a través del que se ve misteriosamente, lo cual es diferente a ver una imagen reflejada. Estamos viendo a través del filtro de otra lengua, de una segunda cultura en lugar de ver un reflejo directo del original. Imagínese un rostro visto a través de la distorsión de un filtro de vidrio en lugar de un rostro visto en un espejo, en lugar de una imagen reflejada del progenitor.

La luz que vemos cuando miramos a las estrellas no es la luz de la estrella original, sino más bien la luz como se ve en su viaje a través del espacio y el tiempo, como una experiencia secundaria más que primaria. Tal como puede que miremos con reverencia y respeto a las estrellas que vemos, plenamente conscientes de la travesía de la luz a través del tiempo y el espacio, así puede que vislumbremos algo del original en la copia, algo de la fuente en el resultado. Por consiguiente estamos en este punto en posesión de dos poemas. El segundo, el fruto de la traducción es un texto diferente similar al original. El mérito del poema en inglés se mide bien por sus cualidades como poema en inglés o bien por sus características como un poema que captura el original en español, o bien por ambos motivos. En el curso de estas traducciones he luchado por crear un poema de gran calidad en inglés que sacrifique lo menos posible los méritos del poema en español. Sin embargo, como sugiere Rilke, "mientras mejor es el poema, más fácil es la traducción," y por tanto algunos de los poemas menos logrados en esta antología se basan en los poemas más endebles en español. Me siento más satisfecho con Martí, probablemente porque sus poemas son los más logrados.

En el curso de nuestra correspondencia, le he escrito a Manuel en numerosas ocasiones en respuesta a la tarea que enfrentamos en general y en ocasiones refiriéndome a poemas individuales.

* * *

Manuel

Nosotros somos ciertamente hermanos del alma, eso pienso. A Cathy le digo que no creo haber conocido a alguien mejor que tú. (Espero crecer lo suficiente para merecer este comentario, que dejo aquí con orgullo, en verdad)

He estado pensando en una frase que inicie mi Prefacio para nuestro proyecto de traducción. Aún no la he encontrado, pero ha de ser algo así como...

Imagina traducir un poema del inglés al inglés. Cuando la lengua desde que se traduce el poema es la misma que aquella hacia la que se realiza la traducción se reconocen de inmediato las diferencias obvias entre el original y la copia. Se puede incluso imaginar que el resultado de semejante proyecto resulte en algo así como un perfeccionamiento del original. Y así sucesivamente...

No me siento satisfecho con la forma en que esto fluye, pero tú ves adonde voy. Se evidencian de inmediato las deficiencias y ciertamente la imposibilidad de la traducción. De hecho, he realizado este ejercicio con estudiantes en el pasado, traduciendo del inglés al inglés usando sinónimos y significados aproximados. Los resultados son algunas veces hilarantes.

* * *

Manuel

En mi aspiración como escritor quiero 'escribir el olor del barniz'. Con esta intención, es la lengua lo que le falla al autor. El poeta canadiense bp Nichol escribió, "No quiero escribir un poema acerca de un narciso, quiero escribir un poema que es un narciso."

Al escribir, quiero que el poema tenga el poder transformador de la plegaria. Mucha gente piensa en la plegaria como una oración que importuna a Dios. Yo la considero una advocación desde el mundo interno del individuo al mundo externo del universo para establecer una conexión por medio de la cual la iteración de las mejores palabras en el mejor orden presente la posibilidad de la gracia, la alianza entre el ser y el universo, el desvanecerse en el objeto donde el alma hace contacto a través de la mente, del cuerpo, del corazón con el fascinante espíritu de las cosas que todo lo contiene. La existencia sin la alienación. Lo que los autores de *La Biblia* querían decir cuando hablaban de la alianza entre Dios y el hombre de la cual el arco iris es una metáfora.

Es este 'interior luminoso' relacionándose con este 'cielo alarmantemente brillante', esta oscuridad sin ego, este cielo de ojos cerrados que abrazamos, que busco en mi obra. Y por qué habría de ser mi aspiración como traductor menos ambiciosa. Acrisolar el sello del original en la copia, tal es mi esperanza. Encontrar en mi lengua, la sombra de la luz en la tinta del texto primordial, cómo hablar en ecos lo más cerca posible de la voz original sin perder la voz de la fuente.

Oh cómo el original clamoreó en sus máscaras.

Y cuando le quitaron la máscara, qué rostro hay allí que sea visible.

Imagine los huesos de un poema invisible.

Imagine traduciendo hacia atrás desde la traducción y tratando de lograr el original.

Y esta es 'la misma lengua' en la que la cultura y la intención del poema original se comprenden cabalmente.

Qué tarea hemos asumido en el intento de honrar estos poetas y a sus poemas.

* * *

Estos poetas en el exilio, estos poetas sufriendo bajo el yugo de la tiranía imperial de España, estos poetas como soldados en la batalla luchando para lograr la independencia de Cuba, estos poetas viviendo y muriendo y lamentando la trágica pérdida de los seres amados y los amigos, estos poetas que nunca perdieron la fe en la posibilidad de establecer un paraíso humano digno de la belleza natural de su isla querida, muchos de ellos mártires de esa causa, muchos de ellos pereciendo sin lograr su ideal en su tiempo de vida, esta aspiración hecha voz por muchos y culminando en Martí y evolucionando desde su sueño en el sueño de aquellos que heredaron su ideal. Esta es la voz de Sweet Cuba, esta belleza amargo-dulce en la música lingual de la poesía expresada en los poemas bilingües de esta antología.

Siento una profunda conexión con Cuba que espero vivir lo suficiente para merecer.

John B. Lee
Enero 20, 2010

BASIC BIBLIOGRAPHY
BIBLIOGRAFÍA BÁSICA

Arias de la Canal, F. (Editor). *Antología de la poesía cósmica cubana I*. Frente de Afirmación Hispanista, A. C., México, 2000.

Arias, S. (Editor) *Poesía cubana de la colonia: Antología*. Editorial Letras Cubanas. La Habana, 2002.

Feijóo, S. *De Sonetos en Cuba*. Editorial de la Universidad Central de las Villas, 1964.

Feijóo, S. *Sobre los movimientos para una poesía cubana hasta 1856*. Santa Clara, Editorial de la Universidad Central de las Villas, 1961.

Fernández Retamar, R. *La poesía contemporánea en Cuba (1927-1953)*. Ciudad de la Habana. Orígenes, 1954.

Instituto Cubano del Libro. *El autor y su obra: Rubén Martínez Villena*. Pueblo y Educación. La Habana, 1973.

Jiménez, J. R. *La poesía cubana en 1936*. Institución Hispanocubana de Cultura. La Habana, 2004.

Lezama Lima, J. *Antología de la poesía cubana*. Consejo Nacional de Cultura. Ciudad de la Habana, 1965.

López Lemus, V. (Editor). *Doscientos años de poesía cubana 1790-1990 Cien poemas antológicos*. Casa Editora Abril. Ciudad de la Habana, 2000.

Martí Pérez José. *Obras completas*. Editorial Ciencias Sociales. La Habana, 1975.

Martí Pérez, José (Eds. Vitier, C., F. García Marruz, E. de Armas). *Poesía completa. Edición crítica*. Editorial Letras Cubanas. Ciudad de la Habana, 2001.

Orta Ruiz, J. (compilador). *Poesía criollista y siboneísta: antología*. Editorial Arte y Literatura. La Habana, 1976.

Portuondo, J. A. *Bosquejo histórico de las letras cubanas*. Ciudad de la Habana. Editorial Nacional de Cuba, 1962.

Sainz, E. *La poesía cubana entre 1928 y 1958*. Editorial Gente Nueva. Ciudad de la Habana, 1980.

Vitier, C. *Los grandes románticos cubanos: Antología*. Tercer Festival del Libro Cubano. Editorial Lex. Ciudad de la Habana, 1960.

INDEX OF NAMES, TITLES AND FIRST LINES
ÍNDICE DE NOMBRES, TÍTULOS Y PRIMEROS VERSOS

A

A charge is needed to kill scoundrels • 306
A DIOS • 71, 195
A ÉL • 65
A gray sky. Purple banners with • 272
A LAS ESTRELLAS • 69
A MI AMADA • 47
A MI ESPOSA • 27
A MI ÍNTIMO AMIGO JOAQUÍN GARCÍA DE LA HUERTA • 183
A SONNET IMITATING ONE OF SAFO'S ODES • 66
A TI • 113
A UNA INGRATA • 45
ADIÓS • 121
AFTERNOON PRAYER • 96
AL PARTIR • 63
Al volver de distante ribera • 265
All through the neighbourhood of paupers • 286
Among the flowers of sleep • 252
AMONG THE FLOWERS OF SLEEP • 252
And sad he came with rifle on shoulder • 330
And the night was somber • 208
And you return, affectionate...? Welcome • 218
Aramburu, Joaquín Nicolás • 254
ARREPENTIMIENTO • 219
As a boy, I judged day to be the clearest thing • 184
At her door she gave me a kiss last night • 206
Aunque en tus verdes años juveniles • 113
Ay Los mis lindos amores • 81

B

Bailadora de guaguancó • 311
BAILADORA DE RUMBA • 311
Ballagas, Emilio • 312
Basta de amor: si un tiempo te quería • 45

Be woman, for me, like a dove • 99
BE, WOMAN, FOR ME... • 99
Because of your glowing eyes • 238
Behold, my love, how leafless and withered • 46
Being of great goodness, Almighty God! • 54
Bien me acuerdo ¡Hace diez años! • 164
Bitter and severe destiny • 150
Black skinned • 310
Borrero, Juana • 274
Boti, Regino E. • 280
Brull, Mariano • 292
By the blooming riverside • 130

C

Caballo de batalla • 156
CABALLO DE BATALLA • 156
Canary bird, so high you fly • 4
Casal, Julián • 266
CIVIL LYRICAL MESSAGE • 306
CLOCK • 318
Coba Machicao, Cristobal • 2
Cómo te llamas, noche de esta noche • 317
Como un ave que cruza el aire claro • 227
COMO UN AVE QUE CRUZA EL AIRE CLARO • 227
Con los pobres de la tierra • 233
Concepción Valdés, Gabriel (Plácido) • 42
Cuando en el éter fúlgido y sereno • 37
Cuando en mis venas férvidas ardía • 27
Cuando la mano del benigno sueño • 77
Cuando miro el espacio que he corrido • 9
Cuando nací, sin sol, mi madre dijo • 40
Cultivo una rosa blanca • 249

D

Dark and sullen, in a room narrow of beam • 260
DAWN • 144
De forma en forma, y de astro en astro vengo • 1
DE FORMA EN FORMA, Y DE ASTRO EN ASTRO VENGO • 1
De negras sombras pavoroso manto • 91
Del mirto la fragancia • 213
Del tirano Del tirano • 248
DEL VINO • 213
Del volcán en las lavas ardorosas • 195
DEPARTURE • 330
DESESPERACIÓN • 197
DESPAIR • 196
Destino amargo y severo • 152
DÍA DE FIESTA • 273
Dispersas van por los campos • 51
Do not speak to me of worldly bliss • 270
Dónde la flore de tu esperanza es ida • 95
DOREYA'S DEATH • 124
DOS BESOS • 207
DOS PATRIAS • 334
Dos patrias tengo yo: Cuba y la noche • 334
DREAMING AND LOVING • 102

E

ECHO • 214
EL AMANTE RENDIDO • 133
EL BANQUETE DEL DESTIERRO • 152
EL CAZADOR • 301
EL ECO • 215
EL MAR • 79
EL NIDO VACÍO • 81
El rayo surca, sangriento • 243
EL SUEÑO DEL ESCLAVO • 261
EN DÍAS DE ESCLAVITUD • 178
En el palacio hebreo, donde el suave • 269
En su puerta me dio anoche • 207
EN UN ÁLBUM • 175
En vano con tus bárbaros desdenes • 111
Enough of love: if once I loved you • 44
Entre las flores del sueño • 253
ENTRE LAS FLORES DEL SUEÑO • 253

Entre moles altísimas perdido • 215
EPITAFIO A LA ROSA • 297
EPITAPH FOR THE ROSE • 296
Eres tú con tu mágico lucero • 105
Estos campos son donde corría • 115

F

Feliz el mortal que siente y pinta • 12
Feliz quien junto a ti por ti suspira • 67
FIDELIA • 160, 164
FIRELESS SUN • 256
For Aragon in Spain • 236
For me, there is no iridescence in the clouds • 190
Fornaris, José • 122
FRATERNITY • 282
From shape to shape; from star to star I come • 1
FROM SHAPE TO SHAPE; FROM STAR TO STAR I COME • 1

G

God made your thick hair • 256
Gómez de Avellaneda, Gertrudis • 60
Gómez García, Raúl • 324
GOOD-BYE! • 120
Guirao, Ramón • 308

H

Hace falta una carga para matar bribones • 307
Hace su aparición en la mirada • 263
Happy who by your side, sighs for you! • 66
Hay un alma sensible en cada cosa • 283
He jerks with foam the silvery snaffle • 108
He returned from the hunt having lost his way • 300
Heredia, José María • 14
HERMANDAD • 283
HIMNO DEL DESTERRADO • 32
Hizo Dios tu poblada cabellera • 257
HOLIDAY • 272
Hosco y huraño, en reducida estancia • 261
Huye la noche sombría • 145
HYMN OF THE EXPATRIATE • 28

I

I am a sincere man • 228
I AM GOING TO THE JUNE SEA • 294
I cannot live should I not consider you • 220
I cultivate a white rose • 249
I dreamed that in a silent forest • 102
I go to the June sea • 294
I have dreamed in my mournful nights • 278
I have the stern impulse and the sacred yearning to spy • 304
I know: of flesh one could • 246
I ponder, when I rejoice • 241
I shatter a rose and fail to find you • 296
I would first rend this heart of mine • 88
I would like to cast my lot • 232
I would like to know where I might • 200
I would like to leave the world • 240
If you see a mountain of foam • 234
ILLUMINATING NIGHT • 184
ILLUSION • 76
IMMORTALITY • 36
IN AN ALBUM • 174
IN DAYS OF SLAVERY • 176
IN LEAVING THE COFFEE PLANTATION • 108
In returning from far-away shores • 264
IN THE AFTERNOON • 170
In the Hebrew palace, where the soft • 268
In this countryside where once ran I • 114
In vain with cruel disdain you try • 110
INDIFFERENT • 94
INMORTALIDAD • 37
INSUFFICIENCIES OF THE SCALE AND THE RAINBOW • 302
INSUFICIENCIA DE LA ESCALA Y EL IRIS • 303
ÍNTIMA • 277
INTIMATE • 276
IRONY • 262
Is it not delirium, Lord? You, who are absolute • 70
It often appears in a look • 262
It's you with your star magic and bright • 104

J

JICOTENCAL • 51
Joaquín: derrumba ese bigote fiero • 183
Joaquin: knock down that fierce mustache • 182
Joven y bella indiana • 138
Juzgué de niño lo más claro el día • 185

L

LA ALBORADA • 145
LA CANOA • 127
La dalia se retrasa • 319
LA FUENTE DE LA INDIA HABANA • 59
LA FUGA DE LA TÓRTOLA • 75
LA ILUSIÓN • 77
LA INDIFERENTE • 95
LA IRONÍA • 263
La luna de ayer no es luna • 315
La luz es música en la garganta de la alondra • 303
LA MUERTE DE DOREYA • 125
LA MÚSICA • 12
LA NIÑA SOLA • 84
La obra —delante, y el amor —adentro: — • 203
LA ORACIÓN DE LA TARDE • 97
LA PRIMAVERA • 142
LA PUPILA INSOMNE • 305
LA RIVEREÑA DEL HORMIGO • 138
LA SALIDA DEL CAFETAL • 109
Labour —before, and love —inside: — • 203
LAGUNA DORMIDA • 187
LAS SOMBRAS • 169
LAS TRES TUMBAS • 191
LAST RHYME • 278
Like a bird that crosses clear air • 226
LIKE A BIRD THAT CROSSES THE CLEAR AIR • 226
Listen. That soft pitch • 168
Lonely • 320
Lonely am I, lonely was I born • 82
Lonesome and disheartened • 170
Look at Havana colour of snow • 58
Lord, Lord, even a bird astray • 176
Lost among towering masses • 214
Luaces, Joaquín Lorenzo • 106

M

Martí Pérez, José • 0, 38, 93, 98, 154, 181, 202, 211, 222, 223, 224, 259, 290, 299, 306, 307, 326, 327, 332, 352
Martínez Villena, Rubén • 298
Matamoros, Mercedes • 216
Medina, Tistán de Jesús • 180
Mendive, Rafael María • 92
MENSAJE LÍRICO CIVIL • 307
MI AMOR Y LA LUNA • 105
MI BANDERA • 265
MI PROPÓSITO • 89
Milanés, José Jacinto • 72
Mira, mi bien, cuán mustia y deshojada • 47
Mirad la Habana allí color de nieve • 59
Mucho, señora, daría • 251
MUJERES, FLORES Y ESTRELLAS • 119
MUSIC • 10
MY FLAG • 264
My life's long love • 124
MY LOVE AND THE MOON • 104
MY RESOLUTION • 88
My soul of a thousand tears • 196
My turtledove! Though unconfined • 74

N

Nápoles Fajardo, Juan Cristobal (El Cucalambé) • 128
NIAGARA • 16
NIÁGARA • 21
NO • 209
No bond remains: all lies broken • 64
No es delirio, Señor Tú, el absoluto • 71
No existe lazo ya: todo está roto • 65
No hay para mí, tornasoladas nubes • 191
No me habléis más de dichas terrenales • 271
NO! • 208
NOCHE REVELADORA • 185
NOCTURNO TUYO • 317

O

OBRA Y AMOR • 203
Of myrtle its fragrance • 212
Of the tyrant? Of the tyrant • 247
Of the volcano in ardent lavas • 194
OF WINE • 212
Oh happy mortal, to be both he who feels and he who paints • 10
Oh how beautiful the sea at sunrise • 78
Oh qué bello es el mar cuando en oriente • 79
Oh! My charming loves • 80
Oíd. Ese suave acento • 169
ORCHESTRA KEYS • 291
Orchestra keys and heartfelt song • 291
ORISON TO GOD • 54

P

Pains! Who ventures to say • 244
Para alumbrar la inmensidad del cielo • 119
Para Aragón, en España • 237
PARTIDA • 331
PARTING • 62
Partir es preciso —Con voz iracunda • 121
PAX ANIMAE: PEACE OF MIND • 270
PAXANIMAE • 271
Pearl of the Sea! Star of the West! • 62
Penas ¿Quién osa decir • 245
Pérez y Montes de Oca, Julia • 192
Perla del Mar Estrella de Occidente • 63
PLEGARIA A DIOS • 56
POESÍA • 149
POETRY • 148
Por la orilla floreciente • 133
POR LA TARDE • 172
Por tus ojos encendidos • 239
PORTRAIT • 320
Poveda, José Manuel • 284
PRESENCE • 314
PRESENCIA • 315
Primero el corazón en que se anida • 89

Q

Qué trabajas, herrero —¡Una cadena! • 149
Quieres sondear la noche de mi espíritu • 277
Quintero, José Agustín • 146

R

RECUERDOS DE LA INFANCIA • 115
Regresaba de caza, mas extravió el camino • 301
Reina el silencio: fúlgidas en tanto • 69
Reina el sol, y las olas serenas • 32
RELOJ • 319
REMEMBRANCES OF CHILDHOOD • 114
REPENTANCE • 218
RESIGNACIÓN • 111
RESIGNATION • 110
RETRATO • 322
Roldán, José Gonzalo • 100
Rompo una rosa y no te encuentro • 297
RUMBA DANCER • 310

S

Saíz Montes de Oca, Luis • 328
SALOME • 268
SALOMÉ • 269
Santacilia, Pedro • 116
Sé mujer, para mí, como paloma • 99
SÉ, MUJER, PARA MÍ… • 99
Sellén, Antonio • 198
Señor, Señor, el pájaro perdido • 178
Ser de inmensa bondad, ¡Dios poderoso! • 56
Si ves un monte de espumas • 235
Silence reigns: while fulgent glow • 68
Sin tu amor odio estos montes • 127
SLEEPING LAGOON • 186
SOL DE LOS HUMILDES • 288
SOL SIN FUEGO • 257
Sola soy, sola nací • 84
Solitario y abatido • 172
Solo • 322
SONETO • 5, 91
SONETO IMITANDO A UNA ODA DE SAFO • 67
SONNET • 4, 90
Soñaba la laguna que escondido • 187
SOÑAR Y AMAR • 103
Soñé que en una selva silenciosa • 103
Spring is here • 140
SPRINGTIME • 140
SUN OF THE HUMBLE • 286

T

Tan alto vuelas, pájaro Canario • 5
Tasca espumante el argentino freno • 109
Templad mi lira, dádmela, que siento • 21
Tengo el impulso torvo y el anhelo sagrado • 305
Tengo partida el alma en mil pedazos • 197
Teurbe Tolón y de la Guardia, Miguel • 86
The broad firmament dismally sundered • 90
THE CANOE • 126
The dahlia slows • 318
THE EMPTY NEST • 80
THE EXILE BANQUET • 150
THE FOUNTAIN OF INDIA HAVANA • 58
THE HUNTER • 300
The lagoon dreamt that it had • 186
THE LONELY GIRL • 82
The music of the lark is luminous • 302
The mysterious afternoon mantle • 96
THE RIVERINE OF THE HORMIGO • 136
THE SEA • 78
THE SHADOWS • 168
THE SLAVE'S DREAM • 260
THE SLEEPLESS EYE • 304
The somber night departs • 144
The sun is king, the waves serene • 28
The thunderbolt ploughs, bloodily • 242
The troops of Montezuma • 48
THE TURTLEDOVE'S FLIGHT • 74
THE YIELDING LOVER • 130
There is a sensitive soul in everything • 282
THIRTY YEARS • 8
This fierce destiny commands that I go • 120
Though in your green juvenile time • 112
THREE GRAVES • 190
TO AN UNGRATEFUL WOMAN • 44
TO GOD • 70, 194

TO HIM • 64
To illuminate the immensity of heaven • 118
TO MY BELOVED • 46
TO MY INTIMATE FRIEND JOAQUÍN GARCÍA DE LA HUERTA • 182
TO MY WIFE • 26
TO THE STARS • 68
TO YOU • 112
Todo el barrio pobre • 288
TONOS DE ORQUESTA • 291
Tonos de orquesta y música sentida • 291
TORMENT • 220
TORMENTO • 221
Tórtola mía! Sin estar presa • 75
TREINTA AÑOS • 9
TU IMAGEN • 201
Tú vas hacia una orilla • 175
Tune my lyre, give it to me, that I might feel • 16
TWO HOMELANDS • 333
Two homelands have I: Cuba and the night • 333
TWO KISSES • 206

U

ÚLTIMA RIMA • 279
Un cielo gris. Morados estandartes • 273

V

Varona, Enrique José • 210
VERSOS SENCILLOS/SIMPLE VERSES • 228
Very much, lady, I would give • 250
Vicente Tejera, Diego • 204

W

WAR HORSE • 155
War horse! • 155
We are already in combat • 326
WE ARE ALREADY IN COMBAT • 326
Well I remember! T'is ten years! • 160
What are you making, blacksmith? A chain! • 148
What is your name, night of this night? • 316
When I consider my journey, my fate • 8
When I was born, without sun, my mother said • 39
When luminous stars burn • 36
When the hand of benign dream-thought • 76
When wild youth flared • 26
Where has the flower of your hope gone, • 94
Without your love • 126
WOMEN, FLOWERS AND STARS • 118
WORK AND LOVE • 203
Would you like to visit the night of my spirit? • 276

X

XICOHTENCATL • 48

Y

Y era la noche sombría • 209
Y llegó triste con su rifle al hombro • 331
Y vuelves cariñoso Bienvenido • 219
Ya de la tarde el manto misterioso • 97
Ya estamos en combate • 327
YA ESTAMOS EN COMBATE • 327
Ya no responde a mis quejas • 125
Ya sé: de carne se puede • 246
Ya vino la primavera • 142
Yesterday's moon is no moon • 314
Yo no puedo vivir sin contemplarte • 221
Yo he soñado en mis lúgubres noches • 279
Yo me voy a la mar de junio • 295
YO ME VOY A LA MAR DE JUNIO • 295
Yo pienso, cuando me alegro • 241
Yo quiero salir del mundo • 240
Yo quisiera saber dónde podría • 201
Yo soy un hombre sincero • 230
YOKE AND STAR • 39
You go towards that shore • 174
Young and charming Indian girl • 136
YOUR IMAGE • 200
YOUR NOCTURNE • 316
YUGO Y ESTRELLA • 40

Z

Zambrana, Luisa Pérez • 188
Zenea, Juan Clemente • 158

www.ingramcontent.com/pod-product-compliance
Lightning Source LLC
Chambersburg PA
CBHW071214080526
44587CB00013BA/1373